THÉODORE BOTREL

Les Contes

du " Lit-Clos "

THÉODORE BOTREL

CONTES du LIT-CLOS

Récits et Légendes bretonnes
EN VERS

COUVERTURE-AQUARELLE et VINGT LITHOGRAPHIES
de D.-O. WIDHOPFF

Suivis de

Chansons à dire

Illustrées de
DIX LITHOGRAPHIES HORS TEXTE d'Abel Truchet

Georges ONDET, Éditeur
83, RUE DU FAUBOURG SAINT-DENIS, PARIS

Tous d'exécution, reproduction et traduction réservés et enregistrés pour tous pays: (Cop., 1900
par l'Éditeur, même pour la Hollande, le Danemark, la Suède, la Norwège et la Finlande.

S'adresser, pour traiter, à M. G. ONDET, Éditeur.

11ᵉ mille.   MCM

Il a été tiré de cet Ouvrage,

sur papier des Manufactures Impériales du Japon (INSESTU-KIOKU),

CINQUANTE EXEMPLAIRES

numérotés (1 à 50) et paraphés par l'Editeur,

au prix de vingt francs l'un.

Les Cinq cents premiers exemplaires à la suite du tirage

sur Japon (Lithographies tirées sur la presse à bras)

sont mis en vente, numérotés (51 à 550) et paraphés par l'Editeur

au prix de cinq francs l'un.

NOTA. — Une suite des vingt Lithographies de D.-O. WIDHOPFF, tirées à grandes marges, sous couverture, sur papier Whatman,
A VINGT-CINQ EXEMPLAIRES
numérotés et signés par l'Artiste, est en vente à quinze francs l'Album.

A LA MÉMOIRE DE MON PÈRE,

JE DÉDIE CE LIVRE (1)

Voici donc qu'il vient de paraître
Ce livre que tu désirais :
Sous ma plume il venait de naître
A l'heure même où tu mourais !

J'en ai corrigé chaque épreuve
Ici, dans notre humble logis,
Près de ta fille et de ta veuve,
Pauvres femmes aux yeux rougis !

Hé! las! ma Doué! quel prophète
A dit, avec tant de raison :
« Sitôt que la maison est faite
La mort entre dans la maison? »

Vingt ans et plus, au joug des Villes
Courbant docilement ton front,
Tu connus les labeurs serviles,
Toi, l'ancien maître-forgeron !

---

(1) Et j'ai supprimé toutes autres dédicaces : mes amis me comprendront et m'approuveront, j'en suis certain. *(N. de l'A.).*

Tu finissais ta rude tâche,
Tu riais aux Demains vainqueurs :
L'Ankou s'en vint, jaloux et lâche,
Broyer ton corps... broyer nos cœurs !...

J'ai pu, du moins, voir ton martyre ;
Tes maux, j'ai pu les apaiser...
Tu reçus mon premier sourire :
J'ai reçu ton dernier baiser.

Par un pieux et cher mensonge
T'écartant l'éponge de fiel,
J'ai pu, de doux songe en doux songe,
T'amener de la terre au ciel...

Ta raison s'était envolée
Loin de Paris — là-bas — « chez nous » :
Tu demandas une bolée
« De cidre breton, pas trop doux... »

Après quoi, sans râle et sans fièvres,
Vers ton Dieu qui te rappelait
Tu t'en fus, le sourire aux lèvres,
En égrenant ton chapelet...

. . . .

Tu n'eus pas le bonheur sur terre,
Mais tu l'as — plus parfait — là-haut :
Dors en paix, digne et solitaire,
Dors ! nous te rejoindrons bientôt !

O père ! à la Vierge bénie
Demande en grâce pour les tiens
Qu'ils meurent, leur tâche finie,
En vrais Bretons, en vrais Chrétiens.

D'ici-là, comme de coutume,
Sois le conseil de mes travaux
Et reçois l'hommage posthume
De tous ces poèmes nouveaux;

Ce sont des fleurettes bretonnes
Que je sème sur ton cercueil;
Ce sont des Contes monotones,
Des Chants discrets et sans orgueil :

Que ton âme vienne les lire
Au long des soirs silencieux
Et puis s'en aille les redire
Aux Bretons qui sont dans les Cieux !

Théodore Botrel

(Port-Blanc, Décembre 1899

PREMIÈRE PARTIE

———

Les Contes

du " Lit-Clos "

———

LE LIT-CLOS

Voici la saison des veillées :
Les gâs aux mines éveillées
Se reposent de leurs travaux
En tendant leurs deux mains rugueuses
Vers les mignonnes tricoteuses
Pour dévider les écheveaux ;

Car des « pennerès » c'est la tâche :
Elles tricotent sans relâche
Sur le « banc-tossel », chaque soir,
Les tricots, les bas, les mitaines,
Tout en surveillant les châtaignes
Et le « flip », et le café noir.

En face d'elles, les Fileuses
Filent, près du feu — les frileuses ! —
Le lin des dernières moissons,
Et leur vieux rouet qui chantonne
Chante sa chanson monotone
Pour rythmer leurs douces chansons.

Les hommes causent politique
Et le mot français « République »
Parmi le breton retentit ;
Ce sont les jeunes qui le disent,
Car les vieillards toujours prédisent
Le Roi qu'on leur a tant prédit !

. . . .

Tout à coup, voilà que s'élève
Une tremblante voix de Rêve
Qui semble sortir du Lit-clos :
Les hommes se taisent, les filles
Ne font plus danser leurs aiguilles,
Non plus les femmes leurs fuseaux ;

Car celle qui parle est l'Ancêtre !
Son âge ? Elle seule, peut-être,
Pourrait le dire désormais :
On va, répétant à la ronde
Qu'Elle est vieille comme le Monde
Et qu'Elle ne mourra jamais ;

La Nuit obscurcit sa prunelle
«... Et c'est tant mieux, murmure-t-elle,
Aujourd'hui le Monde est si laid ! »
Elle est sourde... mais d'une oreille,
Car la gauche entend à merveille...
Mais n'entend que ce qui lui plaît !

Elle a toujours très grande allure :
Sur son front blanc, sa chevelure
Semble une couronne d'argent :
On dirait une vieille Reine
Accueillant son Peuple, sereine,
Avec un sourire indulgent !

Aussi, son bon Peuple l'adore ;
Il s'approche, il s'approche encore
Du Lit qu'elle ne quitte plus,
D'où sa tendre voix fait revivre
Tous les chapitres d'un vieux livre
Que l'on n'avait pas encor lus !

Et tous ceux qui veulent l'entendre
Peuvent venir, sans plus attendre,
Aux volets du logis heurter,
Car maudit serait l'égoïste
Qui, tant que son Ancêtre existe,
Resterait seul à l'écouter !

Entrez donc ! Les Gueux, les Fermières,
Les Sabotiers, les Lavandières,
Les Matelots et les Tailleurs,
Les rudes Sonneurs de bombardes,
Les jeunes Cloërs, les vieux Bardes,
Tous ceux d'ici... tous ceux d'ailleurs !

Approchez-vous tous de la Vieille :
Faîtes silence, ouvrez l'oreille,
Ne remuez plus vos sabots!
Chut! écoute bien, petit mousse :
C'est la Bretagne aveugle et douce
Qui nous parle, de son Lit-clos !

Écoutez!... Puis, quand sa Voix lasse
Se fera lointaine, très basse,
Vous parlerez à votre tour ;
Chacun racontera « la sienne »,
Conte nouveau, légende ancienne,
Histoire de guerre ou d'amour ;

Çà! que l'on fouille en sa memoire !
Car c'est ainsi que l'auditoire
Doit payer de sa charite
La Sourde-Aveugle (que Dieu garde!)
Qui nous écoute et nous regarde
Du fond de son Lit-clos sculpté!

Celui qui frappe

CELUI QUI FRAPPE...

Par une triste nuit sans lune
Noire ainsi qu'un vilain péché,
Sous ma chaude couette brune
Dans mon lit-clos j'étais couché ;

Tout à coup j'entends sur ma porte
Heurter d'une brutale main :
— « Holà ! qui frappe de la sorte ? »
— « C'est un pauvre chercheur de pain !... »

— « Il est tard et ma huche est vide !
« De mon seuil il faut déguerpir !... »
Et, dehors, dans la nuit livide,
J'entendis comme un gros soupir ;

Mais, quand vint l'aube, avec surprise,
Sur ma porte en me réveillant
J'aperçus une tache grise :
C'était la main du mendiant !

*
* *

La nuit suivante, à la même heure,
— Je venais de fermer les yeux —
Sur la porte de ma demeure
On heurte un grand coup furieux...

— « Qui donc es-tu, gâs imbécile
« Qui, hier déjà, m'as dérangé !... »
— « C'est un gueux qui demande asile
« Sans vouloir être interrogé !... »

— « Voudrais-tu donc que je me lève
« Par ce froid, pour aller t'ouvrir ? »
Et tout en pleurant, vers la grève
J'entendis le gueux s'encourir...

Mais, quand vint l'aurore vermeille,
Sur ma porte, tout frémissant,
Près des cinq doigts gris de la veille
J'aperçus une main de sang !..!

*
* *

Et, la troisième nuit, ma porte
Fut heurtée encore une fois
Pendant que, douloureuse et forte,
Dehors, me parlait une voix :

— « Ouvre, Loll ! (1) ouvre à l'âme en peine
« D'un pécheur qui voudrait prier
« Jusqu'à l'aube, déjà prochaine,
« Sur la pierre de ton foyer !... »

A peine eus-je le temps de dire :
— « Mon foyer n'est pas un autel ! »
Que j'entendis un rire... un rire
Qui me glaça d'un froid mortel ;

---

(1) Diminutif d'Olivier.

Et, sur ma porte toujours close,
Toujours close à l'infortuné,
Je vis à l'aube, affreuse chose !
Les cinq doigts de feu d'un Damné !!!

* * *

Celui qui me voulait pour hôte
Fut meurtrier, puis se périt ;
Et, sans prière, — et par ma faute —
Fut entraîné par le Maudit !

Las ! mes amis, quel deuil je porte
Depuis, dans mon cœur, en tout lieu :
Ouvrons ben grande notre porte
A qui frappe au nom du bon Dieu !

Il existe une musique de scène de Ch. de Sivry. — G. Ondet, éditeur

Le Clocher de Tréguier

LE CLOCHER DE TRÉGUIER

Ya, vat! il faut bien reconnaître
Que le Diable est un fin matois...
Mais il trouva souvent son maître
Au bon vieux Pays Trécorrois,

Et la preuve que l'on demande
Je n'irai pas loin la chercher :
Je vas vous conter la Légende,
Mes amis, de votre Clocher !

* *

Au dernier Siècle, la vallée
N'était pas dominée encor
Par la belle flèche effilée
Qui fait la gloire du Trécor.

L'église, certe, était des belles
Parmi celles des alentours
Avec son Cloître et ses chapelles,
Sa grande nef et ses trois tours ;

On admirait déjà ses stalles,
Son lutrin de chêne sculpté,
Et bien des riches Cathédrales
Semblaient pauvrettes à côté !...

Mais le Curé, nous dit l'Histoire,
Voulait un Clocher sans rival
Qui chanterait, plus haut, la Gloire,
Des Saints Yves et Tugdual.

Il fit venir des architectes
Qui, de la règle et du crayon,
Tracèrent des lignes correctes...
Sans aboutir à rien de bon;

Les maçons firent leur ouvrage...
Mais ne le firent guère mieux;
Et le curé perdait courage
En se sentant devenir vieux.

* *

Or, voilà qu'un soir de Décembre,
Comme il se désolait ainsi,
Sans frapper, Satan dans sa chambre
Entra, prit un siège et s'assit.

Et, durant que la flamme bleue
Léchait ses mollets, le Maudit
Sur ses genoux posa sa queue,
Toussa, fit trois fois : hum ! et dit :

« Enfin, l'Abbé, sous tes paupières
« Je vois les pleurs que j'attendais !
« Tous les maçons, piqueurs de pierres,
» Architectes, sont des niais ;

« Si tu crois l'humaine Bêtise
« Jamais tu ne verras finir,
« Vivrais-tu mille ans, cette église
« Que toi-même espérais bénir.

« Mais — vois comme on me calomnie
« Moi, le tendre et doux Lucifer, —
« C'est pour t'aider de mon génie
« Que j'accours, tout chaud, de l'Enfer !

« Veux-tu qu'une flèche admirable
« Monte jusqu'aux nuages blancs ?
« Parle ! et moi qui suis un bon Diable
« J'exécuterai tous tes plans ! »

L'abbé hocha sa tête grise
Et, toujours calme, en vrai Breton,
Après s'être offert une prise,
Répondit sur le même ton :

« Que tous mes ouvriers soient bêtes,
« Je l'accorde... pour un moment ;
« Quant à vous, on dit que vous êtes
« Cent fois plus malin qu'un Normand,

« Et de vous voir si serviable
« Je suis on ne peut plus surpris ;
« Aussi, jouons cartes sur table...
« Et dites-moi vos derniers prix ! »

Satan fit un peu la grimace
De se voir ainsi deviné ;
Mais, bientôt, se payant d'audace,
Il dit à l'Abbé consterné :

« J'exige de toi la promesse
« De me donner tout Breton mort
« Le Dimanche, entre la Grand'Messe
« Et les Vêpres, dans tout l'Armor !

« Mais, si tu brises notre pacte,
« C'est ton âme, à toi, que j'aurai !...
« Est-ce convenu ? Voici l'acte ;
« Allons, signe-le sans regret !... »

L'Abbé, derrière ses lunettes,
Pria sainte Anne et saint Yvon,
Cherchant par quels moyens... honnêtes
Il pourrait « rouler » le Démon ;

Puis, le plus simplement du monde,
Il signa l'acte tout-puissant
De sa belle écriture ronde,
Avec une goutte de sang.

Après quoi, d'un peu d'eau bénite
Il aspergea le vieux fauteuil...
Et Satan se leva bien vite
Et disparut en un clin d'œil !

Le reste de la nuit s'écoule
Pour le Recteur, en oraisons...
... Mais voilà qu'au matin la Foule,
Stupéfaite, sort des maisons !

Contemplant, ferme sur sa base,
La flèche, droite comme un I,
Chacun disait comme en extase :
« Elle se perd dans l'Infini ! »

Et puis l'on s'écriait encore :
« Que Dieu soit à jamais béni
« Qui, dans une nuit, fit éclore
« Cette grande fleur de granit ! »

Hélas ! l'Abbé calma bien vite
Cet enthousiasme, en contant
Et la diabolique Visite
Et le Pacte fait par Satan !...

Mais la flèche était si jolie
Que, bien qu'un Diable en fût l'auteur,
Nul Trécorrois n'eut la folie
De faire un reproche au Recteur ;

Les malades, seuls, demandèrent
A vivre... au moins... jusqu'au Lundi,
Mais les médecins préférèrent
En finir dès le Samedi !...

Et voici le premier Dimanche !...
Et le Peuple accourt à Tréguier :
Jamais la grande flèche blanche
Ne vit tant de monde à son pied.

Et chacun disait : « Tout à l'heure
« L'*Ite Missa est* sera dit :
« Seigneur, faites que nul ne meure
« Que trois heures après midi ! »

Le même cri vers Dieu s'élance
Depuis Rennes jusques à Brest...
... Et voilà que le Recteur lance
Le terrible *Ite Missa est* !...

2.

Mais vite — O le cher homme ! — à peine
En a-t-il dit le dernier mot
Qu'il entonne, tout d'une haleine,
Les Saintes Vêpres aussitôt.

Les gros chantres et la maîtrise,
Muets, contemplent leur Curé ;
Puis, revenus de leur surprise,
Répondent au texte sacré.

Et la Foule exultait de joie,
Comprenant que, dès aujourd'hui,
Le Diable allait lâcher sa proie,
Ayant trouvé plus fin que lui !

Et voilà pourquoi, vite, vite,
On entonnait dans le Trécor
Vêpres sitôt Grand'Messe dite
Voilà très peu de temps encor...

... Et voilà de quelle manière,
Bretons ! fut élevé jadis
Votre Clocher, ce doigt de pierre
Qui vous montre le Paradis !

———

Cette poésie est éditée séparément. — G. Ondet, *éditeur*

Histoire d'un Mousse

~~~~~~

I. — FILS DE VEUVE

II. — LE SERMENT

HISTOIRE D'UN MOUSSE

I

FILS DE VEUVE

Au bout de la falaise morne
Où croasse le goëland,
Face à l'immensité que borne
L'horizon, d'un long trait sanglant,

La veuve habite une chaumière
D'où, l'œil taciturne et très las,
Elle observe la Meurtrière
Qui lui prit son homme et ses gâs.

Auprès d'elle, dans la masure,
Dort sur un monceau de varec
Son Tanguy dont la chevelure
A la couleur du chanvre sec.

Celui qui dort un si bon somme
Est le dernier de ses enfants :
Il est fort comme un petit homme,
Bien qu'il n'ait pas encor dix ans ;

Et c'est pour mettre en sa jeune âme
Le durable effroi de la mer,
Que, depuis son deuil, cette femme
Habite au bord du gouffre amer.

*
* *

Quand le flot hurle par les grèves
Battant le rocher qui frémit,
Sans pitié pour ses jeunes rêves
Elle réveille l'endormi :

« Viens, dit-elle dans la tempête,
« Viens écouter, mon séraphin,
« La sauvage et cruelle Bête
« Qui gémit parce qu'elle a faim...

« Cet Océan, lâche et perfide,
« De ton père est le grand tombeau!...
— Et l'enfant, d'une voix timide,
Dit en soupirant : « Que c'est beau ! »

*
* *

Puis, lorsque l'orage s'apaise,
Si la mère voit l'innocent,
A plat ventre sur la falaise,
Rire au flot qui va le berçant :

« Ne l'écoute pas, l'Enjôleuse ! »
Lui dit-elle aussitôt tout bas,
« C'est une sinistre voleuse
« Que celle que l'on n'entend pas !

« C'est avec cet air de mensonge
« Qu'elle a pris tes frères... tous deux ! »
— Et le fils de la veuve songe :
« Bientôt, je m'en irai comme eux ! »

HISTOIRE D'UN MOUSSE

II
LE SERMENT

Vous rappelez-vous le petit Tanguy ?
L'enfant qui, l'hiver, frappait à nos portes
Pour nous apporter des bouquets de gui
Coupés en chemin sur les branches mortes ?

Vous souvenez-vous du petit pâtour
Qui, lorsque l'été fleurissait la plaine,
Pour nous les offrir cueillait tour à tour
Le beau genêt d'or ou la marjolaine ?

Le long des vieux champs couverts de varec,
Dans le vent marin qui salait ses lèvres,
C'est lui qui paissait jusqu'en Pellinec
Quelques moutons noirs et de maigres chèvres...

Vous n'entendrez plus sa plaintive voix
Chanter ses doux chants le long de la Côte,
Nous sommes sans fleurs depuis plusieurs mois :
Le pâtour est mort à la Pentecôte !

On a ramassé son corps pantelant
Au pied d'un rocher battu par les vagues !
Pendant quinze jours les gens du Port-Blanc
Ont imaginé des récits très vagues...

Il dort à présent sous le vert gazon,
Bercé doucement par le vent qui pleure,
Et, seul ici-bas, je sais la raison
Qui coucha l'enfant sous terre, avant l'heure.

Voici le secret :

Vous n'ignorez pas
Qu'il était le fils d'une pauvre veuve
Qui perdit son homme et ses autres gâs
Aux pêches d'Islande et de Terre-Neuve ;

Or, pour arracher le futur ingrat
Aux charmes trompeurs de la Mer sauvage,
La veuve voulut que l'enfant jurât
Qu'il ne quitterait jamais le rivage...

L'enfant promit tout, jura... sans savoir,
Garda les moutons au lieu d'être mousse ;
Comme un petit homme il fit son Devoir...
Mais, souvent, des pleurs mouillaient sa frimousse

Par les matins clairs quand, de sa maison,
Il apercevait, entre les Sept Iles,
Quelque grand vaisseau couper l'horizon,
Comme il maudissait ses jours inutiles !

Il aurait voulu passer les hivers
Au coin du foyer de la bonne vieille ;
Puis, en février, sur le Flot pervers
Tenter l'Inconnu dont on dit merveille ;

Ses Morts bien-aimés le hantaient la nuit
Et lui racontaient de troublantes choses :
Que la Mer est douce et qu'elle conduit
Vers des Pays bleus et des Iles roses...

Et le pauvre enfant grelottant la mort
Se levait sans bruit, tâtonnant dans l'ombre,
Courait détacher un canot du port,
Et ramait longtemps sur la vague sombre !

C'est ainsi qu'un soir Tanguy s'en alla,
Guidé par les Siens, au pays du Rêve ;
Il ventait très fort, son bateau coula :
Le flot rapporta son corps sur la grève !...

* * *

Voilà du pâtour le simple roman :
— Qui de nous n'a pas sa folle Chimère ? —
Il est mort d'avoir trahi son Serment :
Prions pour le gâs... veillons sur sa mère !...

Ces deux poésies sont éditées chez Bricon, Paris.

La vipère

LA VIPÈRE

... Ah! vous avez grand tort de rire,
Méchantes filles, mauvais gâs!
Quand parfois vous m'entendez dire
Que je ne me marierai pas;

Et vous aussi, les bonnes vieilles!
Vous avez grand tort, voyez-vous,
De murmurer à mes oreilles
Le nom des belles sans époux,

Car nulle ne sera ma femme!
Seul dans mon coin, je veux mourir
D'un mal qui me torture l'âme...
Et dont je ne veux pas guérir;

Malgré ses douleurs infinies
Nous rongeant le cœur nuit et jour,
Dût-on souffrir mille agonies,
Il est doux de mourir d'amour!

Car c'est l'amour qui me tourmente
Et toujours me tourmentera...
Mon pauvre cœur qui se lamente
Sans répit se lamentera!

Et si j'osais, plus fou que tendre,
Hurler ce que je dis tout bas,
Le monde entier pourrait m'entendre...
Que ma « Douce » n'entendrait pas !

Nul sorcier — ma vie en offrande —
Pourrait m'approcher à ce point
Moi, si petit, d'Elle, si grande,
Si loin de moi... si loin... si loin !!!

Laissez-moi, je vous en supplie !...
Ou plutôt, non ! écoutez-moi :
Vous respecterez ma folie
Quand vous en saurez le pourquoi !..

**
* **

Vous connaissez la Châtelaine
Dont j'étais le frère de lait ;
C'est « Mademoiselle Germaine »
Qu'autrefois chacun l'appelait.

Ce fut ma sœur et mon amie :
Ensemble nous courions les bois
Et je l'ai tenue endormie
Tout contre mon cœur, bien des fois.

Les doux Printemps, les frais Automnes
Passaient, rapides, sur nous deux...
Et je lui tressais des couronnes
Pour en parer ses blonds cheveux ;

L'Eté, durant nos longues courses,
Je lui cherchais des nids d'oiseaux...
Et nous faisions chanter les sources
En entremêlant les roseaux;

Puis, quand la neige bienfaitrice
Couvait les futures moissons,
Ma bonne mère, et sa nourrice,
Nous chantait ses belles chansons,

Ou bien quelque vieille qui tremble
Nous parlait des grands loups-garous...
Et nous nous endormions ensemble
Aux doux ronrons du gros chat roux!...

*
* *

C'est ainsi que dix ans passèrent.
Puis — riant de mes yeux rougis —
A Paris les siens l'emmenèrent...
Et je restai, seul, au logis !

Mais, aussitôt que l'hirondelle
Ramenait le Printemps béni,
Elle aussi revenait, fidèle
Et joyeuse, à son ancien nid;

Et sa mère lui disait : « Joue
Avec Joël le paysan ! »
Toute heureuse de voir sa joue
Hâlée au soleil bienfaisant.

Je tendais à la Parisienne
Ma main de rustre aux doigts tremblants :
Elle y laissait tomber la sienne,
Sa main si douce aux doigts si blancs ;

Alors, nos courses vagabondes
Reprenaient comme aux jours défunts :
Le vent baisait ses boucles blondes
En reconnaissant leurs parfums ;

Moi, regardant les pâquerettes
Que foulaient ses petits souliers
J'enviais le sort des fleurettes
Pour mourir sous ses petits pieds !

Et je me surprenais à dire
A l'hirondelle : « Oh ! reste encor ! »
Et je criais dans mon délire :
« Restez fleuris, beaux genêts d'or ! »

Mais Dieu, qui nous trace nos Voies,
Veut les Nuits sombres près des Jours,
Nos Larmes proches de nos Joies,
Les Départs tout près des Retours...

Et c'est ainsi qu'un soir d'Automne
Où nous étions assis tous deux
Dans la triste lande bretonne,
Parmi les ajoncs épineux,

La déjà si grande Germaine
Me dit en me prenant la main :
« Mes parents vendent leur domaine,
« Nous rentrons à Paris, demain.

« Vois-tu, Joël, coûte que coûte,
« Il fallait bien se dire adieu :
» Nous ne nous reverrons sans doute
« Que chez les anges du Ciel bleu ;

« Car voici que nous prenons l'âge :
« Quatorze ans quand viendra Noël !
« Presque l'âge du mariage...
« Qu'en dis-tu, mon pauvre Joël ? »

Et je l'écoutai, sans rien dire.
Mettre son petit cœur à nu...
Je dus pleurer, peut-être rire :
Je souffrais d'un Mal inconnu ;

De mes pleurs voulant rester maître
Je me sentais devenir fou.
J'allais même en mourir peut-être
Là, près d'elle... Quand, tout à coup.

Un long cri de la jeune fille
Ranima mes sens... et je vis
Qu'un serpent mordait sa cheville,
L'enroulant de ses anneaux gris !..

Je l'écrasai sous une souche,
Puis, prenant le pied enfantin,
J'y collai longuement ma bouche
Pour aspirer tout le venin.

O ce baiser dans cette fièvre !
Horrible, doux, mortel, sauveur !
Pour éternellement, ma lèvre
En a gardé l'âpre saveur :

C'est grâce à cette bête immonde
Que j'ai l'ivresse de penser
Que je suis le seul homme au monde
Qui lui donna pareil baiser !...

Qu'advint-il ensuite ?... N'importe !
Elle s'en fut deux jours après
Et ne repassa plus la porte
Où, sans espoir, je l' « espérais » !...

*
* *

Et voilà toute mon histoire !...
A présent, me laisserez-vous
Vivre, tout seul, en ma nuit noire,
Dites, les filles sans époux ?

Car c'est en vain que l'on espère
Guérir ma mortelle langueur :
Tout le venin de la Vipère
M'est descendu, là... dans le cœur !!!

Les briseurs de Calvaires

LES BRISEURS DE CALVAIRES

Lorsque, surpris par la nuit sombre,
Vous traversez nos carrefours,
Vous entendez souvent, dans l'ombre,
De longs soupirs et des bruits sourds,

Des soupirs venant d'Outre-tombe,
Pleins d'un désespoir infini,
Et le bruit du granit qui tombe
Et retombe sur du granit...

Alors, tremblant de tout votre être,
Vous vous sauvez en vous signant,
Vous demandant quels peuvent être
Ces ouvriers au cœur saignant :

Ce sont des soldats de naguère
Qui voulaient — sacrilèges fous ! —
Dans le temps de la Grande Guerre
Chasser le bon Dieu de chez nous ;

Venus de Paris ou de Nantes,
Hurlant comme des loups-cerviers,
Brandissant des torches fumantes,
Armés de pics et de leviers,

Ces maudits, que les Enfers mêmes
Ont refusé de recevoir,
Avec de terribles blasphêmes
Brisaient l'Autel et l'Ostensoir ;

Ils détruisaient les Cathédrales
Et les Croix de granit sculpté...
Ah! les « Colonnes infernales »
Avaient un renom mérité !

*
* *

Pourtant, sur ces luttes maudites
Plus d'un siècle a déjà passé,
Et les Eglises reconstruites
Abritent l'Autel redressé ;

Sur nos grands chemins, des Croix neuves
Tendent leurs bras au Paradis...
Mais combien de routes sont veuves
De leurs Calvaires de jadis !

Dans les douves, au bas des haies,
Des Christs, depuis ces attentats,
Etalent toujours leurs cinq plaies
Au pied de mille Golgothas !

Ils sont là, les Jésus de pierre,
Tête de ci, jambes de là...
Seul, l'oiseau chante une prière,
Seul, le vent pleure sur cela !

La mousse lentement les ronge ;
Dans la boue ils sont enlisés ;

A les relever nul ne songe...
Hormis Ceux qui les ont brisés :

Quand la mi-nuit sonne à l'horloge
Du sombre Palais de la Mort,
De sa tombe chacun déloge
Pour venir au pays d'Armor !

D'où viennent-ils? Quel sortilège
Les force à revenir chez nous?
Je ne sais! mais nul sacrilège
Ne doit manquer au rendez-vous !

Au milieu des lambeaux informes
Des linceuls rongés et boueux,
On reconnaît les uniformes
Que portaient, autrefois, les Bleus...

Et chacun s'en va, solitaire,
Sans voir qui s'en vient près de lui,
Cherchant, à tâtons, le Calvaire
Qu'au temps jadis il a détruit...

Et, quand il l'a trouvé, bien vite
Il tâche à le mettre debout;
Mais son corps décharné s'effrite
En se frôlant au dur caillou :

Hé! las! que chaque pierre ronde
Semble donc lourde à ses doigts gourds!
Lourds de tous les péchés du monde
Hé! las! que les Jésus sont lourds !...

Et chacun se lamente et pleure
A la manière du hibou,
Jusqu'à ce qu'enfin sonne l'heure
Où chacun rentre dans son trou !

*
* *

Aussi, quand, par une nuit sombre,
En traversant vos carrefours,
Bretons ! vous entendez, dans l'ombre,
De longs soupirs et des bruits sourds,

Faites vite deux, trois prières
— Plutôt même quatre que trois — :
Ce sont les Briseurs de Calvaires
Qui remettent Jésus en Croix !...

Il existe une musique de scène de Ch. de Sivry. — G. Ondet, éditeur.

Le berceau sur la mer

LE BERCEAU SUR LA MER

Les douaniers de garde avaient vu, du rivage,
Chavirer le canot sous un coup de Nordet,
Mais on ne retrouva, sur le lieu du naufrage,
Que les pauvres sabots du mort et son béret.

Huit jours durant, la mère et sa bru — pauvres femmes ! —
Guettèrent la marée en « espérant « le corps...
Hélas ! rien ne revint : les Morganes infâmes
Gardent jalousement les cadavres des morts !

Longuement, les pêcheurs, les amis et les proches,
— On aime à s'entr'aider même après le trépas —
Explorèrent la côte et sondèrent les roches...
Mais nul ne retrouva le cadavre du gâs ?

Le Recteur prit alors un gros pain noir, un cierge,
Puis, les ayant bénits, les posa sur le flot...
Mais le cierge et le pain revinrent sur la berge
Sans avoir rencontré le corps du matelot !

Et la mère, à son tour, prend un petit navire
Par qui son vieux, jadis, avait été sauvé ;
Mais le frêle ex-voto, sitôt en mer, chavire...
Et le corps de son fieu n'en est pas retrouvé !

Enfin, la femme prit une bercelonnette,
Alluma, sur l'avant, un jaune et maigre suif,
Coucha dans son lit-clos, doucement, sa Jeannette,
Et s'en fut sur la mer poser l'étrange esquif...

Longtemps, elle suivit l'humble clarté de rêve
Et poussa, tout à coup, un grand cri triomphant :
Le corps du naufragé revenait à la grêve
Guidé par le berceau de son petit enfant !

La nuit des âmes

LA NUIT DES AMES

Soyez graves ce soir, nous dit grand'maman Lise.
  Plus recueillis qu'aux soirs passés,
Car c'est demain matin que l'on prie à l'Eglise
  Pour le salut des Trépassés.

Voici l'une des nuits où les Ames en peine
  Lèvent les dalles des couvents,
Désertent les charniers pour, visibles à peine,
  Revenir parmi les vivants,

Où les pauvres Défunts, en longues théories,
  Entrechoquant leurs bras osseux,
Vont passer l'échalier des vieilles métairies
  Pour revoir leurs anciens « chez eux ».

Comme au temps, qui n'est plus, des joyeuses années,
  Chacun d'eux faisait, chaque soir,
Dans le coin préféré des vastes cheminées
  Ils vont s'en revenir s'asseoir.

   * * *

Laissez dans le foyer la cendre chaude encore,
  Qu'ils se puissent chauffer un peu,
Car ils sont nus, livrés au ver qui les dévore,
  Au fond des sépulcres sans feu !

Ils pourront réchauffer leurs grands yeux sans paupières,
　　Leurs pauvres mains, leurs pauvres pieds :
Pour qu'ils n'y touchent pas, retirez les crêpières,
　　Retirez les brûlants trépieds.

Enfin, laissez dehors de la crême caillée,
　　Des crêpes chaudes, du pain bis,
Pour que les pauvres morts, au cours de leur veillée,
　　Goûtent aux choses de jadis...

Puis, avant de dormir, enfants, hommes et femmes,
　　En chœur, nous allons, coup sur coup,
Chanter à demi-voix la " *Complainte des Ames* "
　　Et la « *Ballade de l'Ankou* » :

LA COMPLAINTE DES AMES

Vierge Marie, ô bonne Mère,
O bonne Mère de Jésus !
C'est ici la Complainte amère
Que chantent ceux qui ne sont plus !

Nous venons en ce soir d'Automne,
Frapper aux portes des Amis :
C'est Jésus-Christ qui nous ordonne
De réveiller les endormis !

C'est Jésus qui rouvre la tombe
Où, Lui-même, un jour est venu !
Holà ! bien vite, que l'on tombe
A genoux-nus sur le sol nu !

Dans vos lits-clos, couverts de laine,
Vous dormez, vous, les bienheureux :
Les pauvres Ames sont en peine,
Qui rôdent par les chemins creux !

Cinq morceaux de bois, vite, vite
Cloués sur quelques linceuls blancs :
Voilà, quand il faut qu'on les quitte,
Ce que nous laissent les vivants !

Vous, qui dormez dans la nuit noire,
Ah ! songez-vous de temps en temps
Qu'au feu flambant du Purgatoire
Sont, peut-être, tous vos parents ?

Ils sont là vos pères, vos mères,
Feu par-dessus, feu par-dessous,
Espérant, en vain, les prières
Qu'ils ont droit d'espérer de vous !

Songez-vous qu'ils disent peut-être
A tous les Chrétiens d'ici-bas :
« Priez pour nous sans nous connaître,
« Puisque nos gâs ne le font pas !

« *Dans le Purgatoire on nous laisse,*
« *Priez pour ceux qui ne prient pas !*
« *Priez pour nous ! priez sans cesse*
« *Puisque nos gâs sont des ingrats !...* »

Allons ! la Nuit n'est pas finie !
Priez tous au pays d'Armor,
Hormis les gens à l'agonie
Ou déjà surpris par la Mort !

L'ANKOU (1)

— *Allez dire de proche en proche*
Au cœur-de-sable, au cœur-de-roche,
Au « trop brave » comme au « tremblant »
Que l'Ankou terrible s'approche
Avec son grand char noir et blanc !...

En me voyant chacun demande :
« *Quel est ce vieux qui, par la lande,*
S'en vient avec sa grande faulx ?
Il n'a pas une once de viande,
Non, pas une once sur les os ! »

---

(1) *L'Ankou* est, en Bretagne la personnification masculine de la Mort ; c'est l'ouvrier de la mort, le dernier défunt de l'année qui, dans chaque paroisse, revient sur terre chercher les trépassés. (A. Le Braz. — *Légende de la mort*).

LA NUIT DES AMES (*L'ankou*)

*C'est moi, l'Ankou !... L'Ankou qui brise
Un os de mort dont il aiguise
Sa vieille faulx sur son genou...
Moi ! qui puis te faire, à ma guise,
Le sang plus froid que le caillou !*

*Lorsque à le frapper je m'apprête
L'homme riche s'écrie : « Arrête !
Laisse-moi vivre un jour encor
Et je remplirai ta charrette
De mes grands coffres tout pleins d'or !... »*

*Un jour !!! pas même une seconde !
Car si j'acceptais, à la ronde,
Ne fût-ce qu'un demi-denier,
Nul ne serait riche en ce monde :
J'aurais tout l'Or du monde entier !*

*Qu'à sa tête on allume un cierge,
Qu'avec l'eau bénite on l'asperge
Et que l'on jette un drap dessus :
Je n'ai pas fait grâce à la Vierge,
Je n'ai pas fait grâce à Jésus !*

*Au temps du Déluge et de l'Arche,
On a vu plus d'un Patriarche
Vivre huit et neuf fois cent ans...
Pourtant à chacun j'ai dit : Marche !
Tous m'ont suivi... depuis longtemps !*

4.

Tous! malgré prière ou blasphème :
Abel premier, Caïn deuxième,
Tous ceux de l'Ancien Testament!
Ceux du Nouveau : Sainte Anne même,
Monsieur Saint Jean pareillement;

Car je n'épargne pas un Homme :
Pas plus le Saint Père, dans Rome,
Que ses grands Cardinaux mîtrés :
Je prendrai les Evêques comme
Les Cloarecs et les Curés !

J'ai pris les Rois avec les Reines,
Les grands Seigneurs dans leurs Domaines,
Les Sabotiers au fond des bois,
Les Soldats et les Capitaines,
Les Artisans et les Bourgeois ..

Ami, tu vas grossir leur nombre !...
Dans le Soir de plus en plus sombre
Entends-tu grincer un essieu ?
C'est Moi qui m'avance avec l'Ombre,
N'attendant que l'ordre de Dieu !

Ce que tu prends, dans ta démence,
Pour un Rayon de Sa clémence
C'est la grande Faulx de l'Ankou
Qui peut, d'une envolée immense,
Faucher tous les Hommes... d'un coup !!!

Il existe, pour l'*Ankou*, une musique de scène de Ch. de Sivry.
—G. Ondet, éditeur

En dérive

EN DÉRIVE...

.... Certes, mes bons amis, la grand'pêche en Islande
Est une chose belle, est une chose grande,
Et ceux-là qui la font sont de fiers matelots
Et non-point des « terriens » maigrelets et pâlots !

Trapus, poilus, le teint de la couleur des briques,
Videurs de boujarons, chiqueurs de bonnes chiques,
Ce sont de fameux gâs, du sabot-botte au col :
Demandez-le plutôt aux filles de Paimpol !

De les voir, aux retours, bourlinguer par la Ville,
Le verbe haut, l'œil gris un peu dur, mais tranquille :
« Voilà donc ces gaillards, dit-on, avec stupeur,
« Qui n'ont jamais connu la Tristesse ou la Peur ! »

Eh bien ! vous vous trompez, mes gâs, je vous l'assure :
Nous avons tous connu l'effroyable morsure
De l'Angoisse affolante et du profond Chagrin :
Qui n'a jamais eu peur n'est qu'un foutu-marin !

Moi-même j'avais dit, autrefois, même chose !
Comme cela, de loin, dame ! on voit tout en rose,
Et je m'étais vanté que nul être ici-bas
Ne verrait larmoyer mes yeux, trembler mon bras !

Eh bien ! je n'ai tremblé qu'une fois — une seule ! —
Mais comme tremble au vent la paille d'une meule ;
Et j'ai pleuré, le cœur dévoré de Douleurs,
A croire que j'allais me noyer dans mes pleurs !

Voici :
        Nous étions vingt à bord de l'*Eugénie*,
Capitaine Le Goff, et, la saison finie,
— Bonne pêche, ma foi : la morue à pleins bords —
Nous rallions Paimpol toutes voiles dehors.

Mais ne voilà-t-il pas qu'un Vent épouvantable
S'élève et, se mettant à gueuler comme un diable,
Brise notre ancre, abat les mâts de notre Brick
Qu'il drosse en plein sur les brisants de Rekiawick !

Vlan ! un récif nous fait une grosse avarie,
Le Vent tourne et nous pousse au large avec furie
Et nous voilà, n'ayant perdu qu'un homme ou deux,
Tout couchés sur bâbord et filant nos vingt nœuds !

Bon ! va bien ! jusqu'ici ça n'était pas trop rude,
Et de ces coups de chien nous avions l'habitude ;
Nous invoquons, tout bas, la sainte Anne d'Armor
Et puis nous attendons ou la Vie... ou la Mort !

        *
    *   *

.... Mais, tout à coup, voici qu'une clameur s'élève :
Des Cris pareils à ceux que l'on entend en Rêve,
Des Cris lointains... et près de nous, des Cris tremblants,
De longs Cris d'outre-tombe, affreux : des Cris tout blancs

Et rien n'apparaissait autour de notre Epave !
Et le Vent qui mugit et l'Océan qui bave
Nous apportaient toujours la sinistre clameur
De pauvre chien blessé qui se désole et meurt !

« Un radeau par tribord ! » cria-t-on dans la brume...
Et voilà qu'en effet, là-bas, fendant l'écume,
Quelque chose de noir apparut sur la Mer
Qui criait, en fondant sur nous comme l'éclair !

C'étaient des Islandais, c'étaient des camarades
Naufragés comme nous, mais plus que nous malades,
Accrochés aux haubans du misaine brisé
Emergeant seul encor de leur bateau rasé !

Las ! que faire pour eux, nous, surnageant à peine ?
« Rien à tenter ! Rien ! Rien !!! » gémit le capitaine...
Et les gâs arrivaient vers nous. les bras tendus,
Affolés d'Espérance et sûrs d'être entendus !

« Il ne faut pas, du moins, qu'ils puissent reconnaître
Que ce sont des Bretons — et des Amis peut-être —
M'écriai-je, qui vont les regarder mourir,
Froidement, sans chercher même à les secourir ! »

Et, prenant un lambeau de voile, avec mon frère
J'en couvris de mon mieux, sur le tribord arrière.
Les deux mots *Eugénie* et *Paimpol*... après quoi
Je tombai sur le pont en grelottant d'effroi.

A plat ventre, les poings collés sur nos oreilles,
Sans force pour entendre encor ces Voix pareilles
A celles qu'ont, la nuit, les noyés de Ker-Is,
Nous pleurions en disant notre *De Profundis !*

Oui, mes amis, durant ces minutes terribles
Où s'en venaient, plus près... plus près... les Voix horribles,
J'ai tremblé, sangloté, comme nul désormais,
Je crois, ne tremblera, ne pleurera jamais !

Enfin ! les Naufragés auprès de nous passèrent !
O ces Cris ! ces longs Cris de haine qu'ils poussèrent :
« *Cochons ! Cochons !! Cochons !!!* » Les pauvres Paimpolais
— Dieu soit béni ! — nous avaient pris pour des Anglais ! (1)

(*Cette poésie est éditée séparément.* — G. Ondet, éditeur.)

---

(1) Historique : Voir *Pâque d'Islande* de A. Le Braz.

L'Anesse de Jésus

L'ANESSE DE JÉSUS

Voici la Pâque-Fleurie
Eclose au calendrier :
Bonne tante Anne-Marie,
Approchez-vous du foyer;
Le « flip » bout dans la bouilloire :
Mettez du cidre dessus,
Puis racontez-nous l'Histoire
De l'ânesse de Jésus!...

I

C'est chose bien lamentable
Petits enfants, de songer
Que c'est dans une humble étable
Creusée au flanc d'un rocher
Qu'en la Nuit la plus profonde
Du plus sombre des hivers
Naquit le Sauveur du Monde,
Le Maître de l'Univers !

Sans chemisette et sans langes
Il était nu sur le foin,
Plus nu que les petits anges
Chantant sa venue au loin,
Et chaque larme versée
Par le petit Roi des cieux
Etait aussitôt glacée
Sur le rebord de ses yeux !

... Et c'est alors qu'une ânesse
Qui somnolait dans la nuit

Eut pitié de sa détresse,
S'approcha, souffla sur Lui,
Réchauffa de son haleine
Ses mains et son petit né,
Tendit sa mamelle pleine
Pour nourrir le nouveau-né !

II

Mais les bergers et les mages
Apportèrent en présents
Qui, les fruits et les fromages,
Qui, l'or, la myrrhe et l'encens ;
Puis, tous, de faire connaître
Au pauvre Monde éperdu
Qu'Il venait enfin de naître,
Le grand Messie attendu...

La nouvelle vole, rôde,
Et le bruit des hosannahs
Vient aux oreilles d'Hérode
Qui fait venir ses soldats :
« Holà ! dit-il, que l'on sorte
Les grands glaives triomphants !
Qu'on aille, de porte en porte,
Egorger tous les enfants ! »

Mais un esprit de lumière
Au bon Joseph dit ceci :
« Prends Jésus avec sa Mère,
Et sauve-toi loin d'ici ! »
Pour obéir à l'invite
Joseph se lève aussitôt...

« Mais comment fuir assez vite ?
On nous atteindra bientôt ! »

Or, une ânesse pareille
A celle de l'autre nuit,
Cligna l'œil, tendit l'oreille,
Vit Joseph et l'entendit,
Hop là ! sortit de sa crypte
Et, trottant à petits pas,
Emporta jusqu'en Egypte
La Vierge... et son petit Gâs !

III

Puis, trente ans passent dans l'ombre...
Et le divin Charpentier
Dans une boutique sombre
Exerce un humble métier ;
Et c'est en poussant la scie
Au cœur du sapin doré
Que Jésus, le doux Messie,
Rendit le Travail sacré.

Mais, enfin, quand sonna l'heure
De remplir sa mission,
Il laissa dans sa demeure
Toute humaine affection :
Il s'en fut par la campagne,
Il pria dans le désert,
Il prêcha sur la montagne,
Il marcha dessus la mer...

Puis — à l'époque où nous sommes —
L'humble Enfant de Bethléem,
Acclamé par tous les hommes,
Entra dans Jérusalem :

« Voici le Dieu de victoire,
Disaient les Juifs à genoux,
Gloire au Fils de David ! Gloire !
Gloire au Dieu qui vient à nous ! »

Un coursier plein de noblesse
S'avança... Jésus dit : « Non ! »
Car il vit une humble ânesse
Avec son petit ânon :
« Je te connais, pauvre bête !
Tu me sauvas par deux fois ;
Aujourd'hui, c'est jour de fête :
Tends le dos... comme autrefois ! »

Et la vieille ânesse blanche,
Si bonne au temps des malheurs,
Sous l'odorante avalanche
Des rameaux verts et des fleurs,
Par tout un Peuple suivie,
Mena Jésus — sans remord —
Non plus, hélas ! vers la Vie,
Mais vers la Croix... et la Mort

*
* *

... Voilà sa légende telle
Qu'on me la conta jadis...
Pauvre ânesse ! où donc est-elle ?
Je la crois... en Paradis ;
Car, pour qu'on la reconnaisse
Parmi tous les animaux,
Dieu voulut que chaque ânesse
Eût une croix sur le dos !

Cette poésie est éditée séparément. — G. Ondet, éditeur.

La Louve.

LA LOUVE

J'avais, comme vous, j'avais autrefois,
— De l'époque, enfants, ne m'en souviens mie —
Au temps où les loups hantaient nos grands bois,
J'avais, comme vous, une douce amie;

Sa joue était blanche ainsi que du lait,
Et sa voix était musicale et douce;
Ses yeux étaient bleus comme le bleuet...
On la surnommait Lénaïk-la-Rousse;

Nous logions tous deux aux confins des bois,
Mais nous n'étions pas du même village :
Lénaïk marchait une heure et moi trois
Pour nous rencontrer dans le Val sauvage;

O les tendres mots que nous nous disions!
— A t'en souvenir, mon cœur, tu te pâmes! —
O, les chers baisers que nous échangions,
Très chastes, très purs... comme étaient nos âmes !

O, ces rendez-vous au cœur des Forêts !
Pour toujours ma Vie en est embaumée :
Vivrais-je mille ans, je me souviendrais
Du premier Baiser de ma bien-aimée !

... Vivrais-je mille ans, j'entendrais toujours
Aussi le long cri de la Voix connue
Qui monta, soudain, du Val des Amours
Où Léna guettait toujours ma venue ?...

Dans le Val profond j'arrivai bientôt
Et, près de Léna, dans l'herbe sanglante,
Je vis une Louve et son louveteau
Qui se partageaient sa chair pantelante !

Au bout de mon bras, tout en sanglotant,
Je fis tournoyer mon pen-bas terrible...
Et le monstre noir s'en fut, emportant,
Le Cœur de ma mie en sa gueule horrible !

Et, le lendemain, quand revint le jour,
On me ramena jusqu'en ma demeure,
L'œil fou, sans raison, le cœur sans Amour,
Hurlant à la Mort comme un chien qui pleure

*
* *

Et voilà-t-il pas que, dans notre enclos,
Dès le Soir tombé, je vis apparaître
La Louve maudite, au regard mi-clos
Levé tendrement jusqu'à ma fenêtre !

Je l'injuriai, lui montrai le poing :
La bête s'en fut hors de mon atteinte ;
Mais toute la nuit j'entendis au loin
Traîner, dans les Bois, une grande plainte...

... Et, le lendemain matin, et le soir,
Et les jours suivants encore, la Louve
Près de ma maison s'en revint s'asseoir
Pour me contempler par-delà la douve ;

Et ses Yeux, vraiment, ses terribles Yeux
Se faisaient plus doux que ceux d'une agnelle ;
Et sa rude Voix, pour me plaire mieux,
Se faisait la Voix d'une tourterelle !

Comme ensorcelé, maintenant, hagard,
J'aimais à revoir la Louve, à l'entendre :
Je reconnaissais son tendre Regard,
Je reconnaissais aussi sa Voix tendre ;

C'était le Regard couleur fleur de lin
Et c'était la Voix musicale et lente
De ma douce amie au Regard câlin,
De ma douce amie à la Voix troublante !

Et je haïssais la bête... et l'aimais
Pour ses grands Yeux clairs et pour sa Voix lasse :
Je pris mon fusil vingt fois, sans jamais
Trouer les grands Yeux qui demandaient grâce !

Enfin, je la vis paraître un matin
Plus humble, plus maigre... et si désolée
Que je descendis jusqu'en mon jardin
Et m'en vins vers elle à travers l'allée ;

Et je lui disais de ces mots très doux
Qui viennent du cœur plus que de la bouche :
Ses Yeux nullement ne devinrent fous,
Sa Voix nullement ne devint farouche ;

Elle se traîna jusqu'à mes sabots,
Les lécha longtemps, comme un chien docile,
Puis, fermant ses Yeux, ses grands Yeux si beaux.
Tomba sur le flanc, inerte, immobile !...

... Et j'ai, depuis lors, pleuré chaque jour
La Louve... et Léna deux fois endormie,
Car la Louve est morte — et morte d'Amour —
Pour avoir mangé le Cœur de ma mie !...

Cette poésie est éditée séparément. — G. Ondet, Editeur.

La légende du Rouet

LA LÉGENDE DU ROUET

Au moment de la veillée,
Une vieille de cent ans
Qui filait sa quenouillée
Nous a dit : « Mes chers enfants,
« Tout grands garçons que vous êtes,
« J'ai fait vos premiers habits :
« J'ai filé les chemisettes
« De tous les gâs du pays.

« Ma joue, autrefois rosée,
« Sous la chandelle a pâli
« Pour que la jeune Épousée
« Ait des draps fins dans son lit ;
« Sans aller dans les églises,
« Chez moi je priais tout bas
« Tout en filant des chemises
« Pour ceux qui n'en avaient pas.

« Si je filai les dimanches,
« Dieu n'en sera pas fâché,
« Car j'ai fait des nappes blanches
« Pour la Cure et l'Évêché...
« ...Mais, comme à la Mort je glisse,
« Que bientôt l'Ankou viendra,
« Pour que l'on m'ensevelisse
« Je m'en vas filer mon drap !... »

* *
*

Or, voilà que, la nuit même,
Le fil de lin se cassa,
Que, lorsque vint le jour blême,
La fileuse trépassa...
Celle qui, sa vie entière,
Pour les gueux allait, filant,
Fut couchée au cimetière
Sans un bout de linge blanc !

Le gâs, dont la main calleuse
Dans sa boîte la clouait,
Sur le cœur de la fileuse
Posa le pauvre rouet...
Et, depuis, quand la nuit tombe,
Un rouet tourne tout seul :
C'est la Vieille dans sa tombe
— Ingrats! — qui fait son linceul!...

Musique de Théodore Botrel. — G. Ondet, éditeur.

La Noël du Mousse

LA NOËL DU MOUSSE

A bord de la fière Corvette
Où l'on fête le réveillon,
Sur le pont, près de la dunette,
On a monté le moussaillon.

On est dans la terrible zone
Des mers de Chine, et le gamin
Qui s'en va de la fièvre jaune
Ne doit pas voir le lendemain.

Il a neuf ans... dix ans à peine...
Qui sait ? — bien des soleils ont lui
Et personne n'a pris la peine
D'en compter le nombre pour lui :

On l'a recueilli sur la plage,
Un matin qu'il ventait bien fort ;
Et l'orphelin, en prenant l'âge,
Est devenu « l'enfant du Port ».

Quand il fut assez fort : « Embarque ! »
Dirent les marins au moutard
Qui manœuvrait déjà sa barque
De Saint-Malo jusqu'à Dinard.

Si bien que, sur la mer profonde
Naviguant en toute saison,
Il avait fait son tour du Monde
Bien avant l'âge de raison...

Et, maintenant, le petit homme,
Parmi les chants des matelots,
S'endormait de ce dernier somme
Que l'on achève sous les flots !

* *
*

L'aumônier du bord, un vieux prêtre
Qui tout bambin l'avait connu,
S'avançant auprès du pauvre être
Tendrement baisa son front nu.

A cette caresse si douce,
S'efforçant d'entr'ouvrir les yeux,
Pierre, le brave petit mousse,
Bégaya tout bas : « Je vais mieux...

« Pendant la fin de la campagne
« Le bon Docteur me guérira.
« Arriverons-nous en Bretagne
« Pour quand la Noël reviendra? »

— « Durant ta longue maladie,
« Mon pauvre enfant le temps a fui :
« Voici venir l'Heure bénie,
« Jésus descendra cette nuit. »

— « Les enfants, comme chaque année,
« Auront les présents les plus beaux :
« Moi, je n'ai pas de cheminée,
« Je n'ai pas même de sabots !

« Les petits gâs de nos villages
« N'ont guère besoin de jouets :
« C'est si joli les coquillages,
« Les tas de sable et les galets !

« Aussi, pour vivre bien à l'aise,
« Je ne demande au bon Jésus
« Qu'une maison sur la falaise
« D'où l'on ne me chasserait plus.

« Puis, enfin, comme tout le monde,
« Ne pourrais-je donc pas avoir
« Une maman, qui parfois gronde,
« Mais qui vous embrasse le soir ? »

Et, souriant à ce doux rêve,
L'enfant s'endormit doucement :
Le mal un instant faisait trêve
Pour le prendre plus sûrement !

* *
*

A l'heure où Noël vient sur terre
Le petit mousse trépassa,
Et, dans la nuit du grand Mystère,
Ses vœux Jésus les exauça :

Lui, qui voulait une chaumière,
Il eut les Palais du Ciel bleu;
Et, pour maman, le petit Pierre
Eut la Maman de l'Enfant-Dieu.

Cette poésie est éditée chez Bricon, Paris.

La Main maudite

LA MAIN MAUDITE

« *Tes père et mère honoreras,*
« *Si tu veux très longuement vivre !* »
Nous dit le Seigneur dans un Livre
Que jamais trop tu ne liras...

Voilà ce que disait souvent
A son petit gâs Jean-Marie
Le maître de la métairie
De Coat-dû, Job le Morvan.

Et Job-le-métayer, vraiment,
Des bons fils était le modèle :
A la Loi du bon Dieu fidèle,
Il aimait sa vieille maman ;

Et, pour être sûr que son gâs
Ferait douce aussi sa Vieillesse,
Il allait répétant sans cesse :
« *Dieu punit les enfants ingrats !* »

« *Tes père et mère honoreras !* »
Répétait le fermier sans trêve,
Et l'enfant murmurait en rêve :
« *Dieu... punit... les enfants... ingrats !...* »

*
* *

Or, un soir, à la trouble-nuit,
Job le Morvan qui, sur sa route,
Avait trop « bonjouré » la goutte,
S'en revint soûl-perdu chez lui.

« *Ho ! la vieille !* dit-il, *tu dors ?*
« *Donne-moi la soupe et ben vite !* »
— « *Mon gâs, à sec est la marmite :*
« *N'as-tu donc point soupé dehors ?* »

Mais, jurant le nom du bon Dieu,
L'ivrogne agonisa la vieille
De tous les mots qu'à son oreille
Vint lui murmurer l'Eau-de-Feu !

Et, comme la pauvre maman
Lui mettait sa main sur la bouche,
Il leva la sienne et, farouche,
La laissa tomber durement !

« *Tes père et mère honoreras !* »
Gémit l'Aïeule sans colère,
Et Yannik dit : « *Prends garde, père :*
« *Dieu punit les enfants ingrats !* »

Et Job n'en hurle que plus fort :
Il s'insulte, se frappe et grogne ;
Et puis, enfin, comme un ivrogne
Et comme une bête... il s'endort !

Mais, au réveil, l'esprit plus sain,
Quand son Yannik fit sa prière,
Pour la première fois son père
Ne lut pas le Précepte saint!

* * *

Ai-je dit qu'on était rendus
Dans le mois-de-la-paille-blanche
Où les blés mûrs que la faulx tranche
Dans l'aire neuve sont battus?

Ce jour-là, donc, précisément,
Job-le-Morvan fit, quatre à quatre,
Installer sa machine à battre
Afin de battre son froment.

Rrroû! la Batteuse va bon train,
Rrroû! Rrroû! Rrroû! elle ronfle et gronde :
On fane, on enmeule à la ronde
Et l'on ramasse le bon grain;

Et Job, le fermier diligent,
Pousse lui-même en la machine
Les gerbes de blé que s'échine
A lui passer le petit Jean.

Mais, sous les sourcils blonds, froncés,
Les regards que son fils lui lance
Lui semblent chargés d'insolence,
Veufs du Respect des jours passés...

Et le fermier pleure tout bas :
Il pressent, hélas ! que, la veille,
En insultant la bonne vieille,
Il s'est aliéné son gâs...

Et que sera-ce alors, Demain,
Si son fils un jour lui ressemble ?
Pour sa propre Vieillesse il tremble :
« *Las ! Ma Doué ! ma pauvre main !!!* »

Il a poussé trop loin le Blé,
Et la Batteuse, vite, vite,
A dévoré la Main maudite...
... Et voici l'homme mutilé !

Lui-même il retire son bras
Du monstre de fer qui le garde
Et dit à son Yannik : « *Regarde !*
« *Dieu punit les enfants ingrats !* »

Et son fils hurle à cet aspect...
Mais Job rit à sa chair meurtrie,
Car les yeux de son Jean-Marie
Sont, maintenant, pleins de Respect !

Cette poésie est éditée séparément. — G. Ondet, éditeur.

La Noël des bêtes

LA NOËL DES BÊTES

... « Tous les animaux de la Ferme
Parlent en la nuit de Noël !...
(*Affirma le fermier Joël*
De sa voix toujours rude et ferme).

Et moi qui vous parle à cette heure
J'ai bien, durant une heure ou deux,
Entendu bavarder tous ceux
Dont je partageais la demeure ;

Car c'était dans une écurie
Qu'autrefois je couchais la nuit...
Et j'y dormais mieux qu'aujourd'hui
Dans le lit de ma métairie !

Bref, une nuit, venant d'entendre
La Messe de Nativité,
Dans mon coin je m'étais gîté
Sous le sainfoin, sur l'herbe tendre,

Quand j'entendis parler les Bêtes. —
Ia sûr, vat ! je les entendis !
Vrai, sur ma part du Paradis,
Aussi vrai qu'avec moi vous êtes :

« *Meuh!* disait une vache rousse,
« A ses voisins les grands bœufs roux,
« Les hommes sont bien durs pour nous :
« Tout les offense et les courrouce,

« Matin et soir je leur dispense
« Le lait dont sont gonflés mes pis :
« *Meuh!* des coups de pieds, souvent pis,
« Voilà quelle est ma récompense ! »

« L'homme abuse de sa faiblesse »
Disaient les bœufs en gémissant :
« Son aiguillon nous pique au sang,
« *Meuh! Meuh!* son joug de bois nous blesse ! »

— *Hihan!* disaient l'âne et l'ânesse,
— *Hi! hi!* gémissaient les chevaux :
« Nous aidons l'homme en ses travaux,
« Dès notre plus tendre jeunesse ;

« Nous tournons sa « machine à battre »
« Et transportons, roués de coups,
« Des faix vingt fois lourds comme nous...
« Et puis l'ingrat nous fait abattre ! »

— *Bèèh! Bèèh!* disait la brebis blanche,
« Les pauvres moutons sont tondus ;
« Après quoi leurs cous sont tendus
« Au rouge boucher qui les tranche ! »

— *Moc'h!...* et nous donc, disait la truie,
« Il nous soigne pour se nourrir ;
« Puis, quand il s'agit de mourir
« Il prolonge notre agonie ! »

— *Cott! cott!* disaient les poules noires,
— *Coin! coin!* disaient les canards verts,
« Sans pitié, nous irons tous vers
« La marmite ou les rôtissoires ! »

Il n'était pas jusqu'à l'oiselle
Qui logeait, là-haut, sous les toits,
Qui ne gémit, dans son patois,
Sur ses sœurs autant que sur elle :

— *Tui! tui!* vous vous plaignez des pères :
« Nous nous plaignons, nous, des enfants
« Qui sont joyeux et triomphants
« Quand ils nous ont fait des misères ;

« Nous, qui protégeons les cultures,
« Ils osent, ces monstres finis,
« Voler nos œufs, briser nos nids,
« Massacrer nos progénitures ! »

.... Et c'était vraiment lamentable
D'entendre tous ces malheureux...
Et je pleurais, tout bas, honteux,
Dans le coin de la pauvre étable !

Longtemps, sur leur sort, ils gémirent...
Après quoi, je n'entendis plus
Que ceux-là qui veillaient Jésus...
Et tous les autres s'endormirent.

Mais moi, tout tremblant sous ma paille,
De la nuit je ne fermai l'œil :
Cela rabattait mon orgueil
De me sentir... une canaille !

* *
*

Et voilà pourquoi j'ai, moi-même,
Toujours soigné mes animaux,
Pourquoi, connaissant tous leurs maux,
J'exige que chacun les aime :

Aimons-les, ingrats que nous sommes;
Soyons doux, indulgents pour eux !
Ce sont nos frères malheureux :
Les *bons* frères des *méchants* hommes ! »

Cette poésie est éditée séparément. — G. Ondet, éditeur.

L'intersigne
de la
Bague d'argent

L'Intersigne de

LA BAGUE D'ARGENT [1]

Deux jours après ses accordailles
Le syndic dit à Yann-Yvon :
« Mon gâs, il faut que tu t'en ailles
« Dès demain, « rejoindre » à Toulon ;

« Oui, oui, cela ne te va guère ;
« Mais l'État veut tous nos garçons,
« Car il est question de guerre
« Avec nos amis les Saxons.

« Oh ! je sais pourquoi tu te troubles :
« Les jours vont te sembler bien longs,
« Bah ! tu mettras les baisers doubles
« Quand t'auras tes doubles galons ! »

Il fallut donc, coûte que coûte,
Le lendemain quitter Port-Blanc...
Et Yann-Yvon se mit en route
Dans la voiture au vieux Rolland.

Une fillette était assise
Entre le conducteur et lui :

---

[1] Personne ne meurt sans que quelqu'un de ses proches n'en ait été prévenu par un pressentiment, une apparition, un inter signe.

C'était Jeannette, sa promise,
Qui pleurait tout doux et sans bruit.

Elle avait voulu le conduire
Jusqu'en gare de Plouaret
Et, tout le long, sans rien lui dire.
Elle pleurait! pleurait!! pleurait!!

Ah! le triste, triste voyage!
Oh! les tristes, tristes amants!
Avant même le mariage
Commençaient déjà les tourments!...

* *
*

Enfin, la rustique charrette
Atteint Lannion; le gabier
Dit à son voiturier: « Arrête
« Devant Prigent le bijoutier. »

Et le voilà qui, vite, vite,
Souriant d'un air engageant,
Descend sa Jeannette et l'invite
A choisir un anneau d'argent :

« Afin que — dit-il à la belle —
« Quand je serai loin du Pays,
« Ce petit bijou vous rappelle
« Que l'un à l'autre on s'est promis.

« Pour moi, je veux — je vous le jure —
« Vivre et mourir en vous aimant :
« Que maudit soit donc le parjure
« Qui manquerait à son serment ! »

Et Jeanne, soudainement blême,
Baisa la bague par trois fois,
Murmura : « J'en jure de même ! »
En faisant un signe de croix...

... Puis restée, hélas ! toute seule
Quand, au loin, disparut le train,
Elle revint chez son aïeule
Avec sa bague... et son chagrin !

* * *

Oh ! sans en rien laisser paraître,
Oh ! comme son regard errait
De l'humble bague à la fenêtre
Où Yann avait mis son portrait !

Oh ! comme, rompant le silence,
Elle disait avec amour :
« C'est le plus beau gabier de France
« Qui sera mon époux, un jour ! »

Oh ! comme, ayant fait sa prière,
Elle rêvait des jours heureux
En baisant, confiante et fière,
Le gage de son amoureux !...

* * *

Or, voilà qu'un soir — chose étrange
Jeannette ne peut s'endormir ;
Elle a beau prier son bon ange,
Le sommeil ne veut pas venir !

Et voilà que, dans la nuit sombre,
Elle entend un pas s'avancer...
Et voilà qu'une Main, dans l'ombre,
Prend sa main pour la caresser.

Très longtemps, muette, hagarde,
Prêtant l'oreille, ouvrant les yeux,
Sans voir, elle écoute et regarde
Le Visiteur mystérieux :

Il lui caresse sa main douce
D'un doux geste se prolongeant ;
Et, très lentement, sans secousse,
Il lui prend son anneau d'argent !

Puis, enfin, leurs doigts se disjoignent :
Comme tout à l'heure elle entend
Des pas qui, lentement, s'éloignent...
Puis... plus rien... que son cœur battant !

« Bonne grand'mère ! cria-t-elle,
Sortant enfin de sa stupeur,
 « Vite ! allumez votre chandelle
 « Ou je m'en vas mourir de peur ! »

Et la bonne vieille se lève :
« Tu rêvais, Jeanne, rendors-toi ! »
— « Non, non ! ce n'était pas un rêve :
 « Je n'ai plus ma bague à mon doigt ! »

On chercha la bague perdue,
La bague que Jeanne pleurait :
On la retrouva suspendue
Au même clou que le portrait !

La vieille, tristement, se signe
Et dit en tombant à genoux :
« Ma fille, c'est un *Intersigne*,
« Prions !... un malheur est sur nous ! »

* * *

La prière était sur leurs lèvres
Quand on leur dit que Yann-Yvon
Etait mort des mauvaises fièvres
Au grand hôpital de Toulon...

Et la nuit même, à l'heure même
Où venait le prendre l'*Ankou*,
Près du lit de celle qu'il aime
Il se transportait tout à coup :

Songeant sans doute à la promesse
Qu'il eut l'audace d'exiger,
Il prit pitié de sa jeunesse
Et s'en vint pour l'en dégager ;

Son âme, en son muet langage,
Lui disait : « Adieu... pour jamais !
« Voyez ! je vous reprends mon gage :
« Oubliez-moi... je le permets !... »

(*Cette poésie est éditée séparément.* — G Ondet, editeur.)

La Route

LA ROUTE

Le corps et le cœur en lambeaux,
Les pieds saignants dans mes sabots,
Je suis tombé sur la grand'Route ;
Et, le front sur le dur granit,
Plein d'un désespoir infini,
J'ai dit au grand chemin :
     « Écoute !

« Tu sais bien que je t'appartiens :
Pour Toi j'ai quitté tous les miens,
Mes amis et ma vieille mère ;
Tu m'appelais : Je t'ai suivi,
Le nez au vent, le cœur ravi,
L'esprit hanté par la Chimère...

Route immense qu'avec effort
Arpentent les Races humaines,
Est-ce à la Vie, est-ce à la Mort
  Que tu nous mènes ?

« On m'avait dit : Presse le pas,
Le Bonheur est là-bas, là-bas,
Au bout de la grand'Route blanche !
On m'avait dit : Tu souffriras !
Va toujours ! et tu goûteras
Bien mieux l'orgueil de la Revanche !
Et puis l'on m'avait dit encor :
La Nuit, va vers l'Étoile d'or,

Le Jour, vers le Soleil de cuivre...
Et, sans souci du lendemain,
Bissac au dos, bâton en main,
J'ai tout délaissé pour te suivre :...

*Route immense qu'avec effort
Arpentent les Races humaines,
Est-ce à la Vie, est-ce à la Mort
   Que tu nous mènes ?*

Et j'ai marché sans m'arrêter :
Marché l'Hiver, marché l'Été,
Marché le Printemps et l'Automne ;
Et j'ai marché, marché toujours,
Durant des nuits, durant des jours,
Qu'il pleuve, ou gêle, ou vente, ou tonne...
... Et me voici tout vieux, tout nu,
Marchant encor vers l'Inconnu
Au seuil de cette matinée ;
Oh ! prends pitié ! Réponds enfin :
Dis-moi, quand verrai-je ta fin,
O route de ma Destinée ?

*Route immense qu'avec effort
Arpentent les Races humaines,
Est-ce à la Vie, est-ce à la Mort
   Que tu nous mènes ? »*

Et longtemps ainsi j'ai pleuré,
De tout mon cœur désespéré,
Sur la Route blanche... et muette...
Et la grand'Route a bu le sang
Tombé de mon front blêmissant,
Blessure qu'Elle m'avait faite !

... Mais, tout à coup, le grand Soleil
Parut à l'horizon vermeil,
Monta vers la Toute-Puissance...
Et, mes deux sabots à la main,
J'ai bondi sur le grand Chemin,
Hurlant un hymne d'Espérance

*Route immense qu'avec effort
Arpentent les Races humaines,
Je te suivrai jusqu'à la Mort...
... Jusqu'Où tu mènes !...*

(Il existe une musique de scène de Ch. de Sivry — G. Ondet, éditeur.

Les Moulins à vent

LES MOULINS A VENT

Au temps jadis, en Bretagne,
Tout en haut d'une montagne
— Sans doute le Menez-Bré —
Il était un pauvre hère
Qui, pour un maigre salaire,
Broyait le froment doré.

Nul ne connaissant les Ailes
Qui virent au vent, si belles,
Sous le grand souffle de Dieu,
Tel le Samson de la Bible
Tout seul il tournait le Crible
Et la Meule en granit bleu ;

Tels, par les glèbes bourrues,
Les bœufs mènent les charrues
Sous l'aiguillon mugissant,
Tel, voûté, cagneux, difforme
Il tournait sa Meule énorme,
Pleurant des larmes de sang ;

Il tournait, tournait sur place
Malgré les Hivers de glace
Et les Étés étouffants ;
Il tournait sa lourde Meule...
Pour nourrir sa vieille aïeule
Et sa femme et ses enfants !

* *
*

Or, voilà qu'un soir d'Automne,
— Déjà le Vent monotone
Sentait le grand Vent d'Hiver —
Portant sa Croix sur l'épaule,
Le Christ se rendant en Gaule,
Franchit le vieux seuil ouvert.

L'homme était là, dans sa hutte :
Comme abandonnant la lutte,
Il dormait sur le blé d'or ;
Ses membres tremblaient sans trêve
Et l'on devinait qu'en rêve
Il tournait sa Meule encor !

Au bruit frappant son oreille,
Le pauvre meunier s'éveille...
Et Jésus lui dit : « J'ai froid,
« J'ai faim... je suis seul au Monde ! »
— « Entre ! Homme à la barbe blonde :
« Je suis moins pauvre que toi ! »

Il mit un fagot dans l'âtre :
Devant la flamme rougeâtre
Jésus répéta : « J'ai faim ! »
— « Que cela ne te chagrine :
« Espère un peu ! Jean-Farine
« Va te moudre du blé fin ! »

Et puis le voilà qui tourne,
Qui fait la pâte et l'enfourne
Et donne une miche à Dieu...
Puis, brisé, mûr pour la tombe,
Pour la deuxième fois tombe...
Et s'endort au coin du feu !

Et le Christ, la nuit entière,
Resta dans l'humble chaumière,
Veillant le feu qui mourait...
Et, lorsque parut l'Aurore,
Le Meunier dormait encore
Près de Jésus qui pleurait !

Sans interrompre son somme,
Dieu baisa le front de l'homme,
Prit sa Croix blanche et sortit !...
... Mais, voilà qu'à la même heure,
Faisant trembler la demeure,
Un grondement retentit ;

L'homme, réveillé, se lève...
Mais, s'imaginant qu'il rêve,
Il se frotte les deux yeux,
Car il voit sa grande Meule
Qui tourne, qui tourne seule
En faisant un bruit joyeux ;

Il voit, plus blanche et plus fine,
Tomber, tomber la farine
Sur le vieux bluteau de lin,
Et ce prodige l'enchante :
Il rit, il gambade, il chante...
Puis il sort de son moulin :

Miracle ! au toit solitaire
Il voit la Croix du Calvaire
Debout, dans l'immensité ;
Un bel ange, aux ailes grises
Grandes ouvertes aux brises,
Est à chaque extrémité !

Et la Tempête bretonne
Dont la rude Voix chantonne
Dans des binious éclatants,
Avec des souffles étranges
Fait tourner la Croix, les Anges...
... Et la Meule en même temps!...

Voile au vent comme un navire,
Depuis lors, le moulin vire
Au sommet du Menez-Bré,
Et les gens des basses plaines
Apportent toutes leurs graines
A moudre au Moulin Sacré ;

Et le brave Jean-Farine
Devint riche, on l'imagine,
De gueux qu'il était avant,
Ayant été, sur la terre,
Le premier propriétaire
Du premier Moulin à Vent !

*
* *

Et c'est depuis qu'en Bretagne,
Par la Ville et la Campagne,
Par les Champs et par les Bois,
Nul — chez le pauvre ou le riche —
N'entamerait une miche
Sans faire un signe de Croix!

―――――

(*Cette poésie est éditée séparément.* — G. Ondet, éditeur.)

La Sonneuse de Glas

LA SONNEUSE DE GLAS

Notre Port-Blanc possède une Chapelle ancienne
Qui date, pour le moins, de cinq à six cents ans ;
La vieille Anna Le Gwen en était la gardienne :
Elle y sonnait le glas pour les agonisants !

Nul n'était mort, chez nous, depuis mil-huit-cent-onze,
Dans les champs, sur la mer, ou dans les vieux lits-clos
Sans que les longs sanglots de la Cloche de bronze
Ne se fussent mêlés à nos propres sanglots !

Oh ! comme la Sonneuse aimait sa bonne Cloche !
Quand les autres clochers, là-bas, dans les lointains,
Laissaient leurs Angelus voler de proche en proche
Elle avait grand'pitié de tous les Sacristains,

Car elle n'aimait pas les carillons alertes
Des bourgs de Penvenan et de Saint-Nicolas :
« Vous chantez, disait-elle, oh ! vous chantez bien, certes...
« Mais pas un seul de vous ne sait pleurer le glas ! »

* * *

... Et voici qu'un matin la bonne Anna s'éveille,
Tremblant la fièvre froide à ne pouvoir marcher...
Et voici que, là-haut, soudain, la pauvre Vieille
Entend sonner sa Cloche en son petit clocher !

« Hé, mon gâs ! va-t-en voir, dit à son fils l'aïeule,
« Qui donc sonne le glas que l'on entend d'ici !... »
Et le gâs s'en revint en disant : « Toute seule,
« Toute seule, vraiment, la Cloche sonne ainsi !!! »

Et la Vieille comprit que sa cloche fidèle
En vain ne devait pas ainsi carillonner :
Elle sonnait le glas... et le sonnait *pour Elle*
Puisque nulle autre main ne le pouvait sonner !

La Cloche pleura seule ainsi, jusqu'au Dimanche,
Jour et nuit, sans repos, son *lamento* si las
... Jusqu'à l'heure où l'Ankou, dans sa charrette blanche,
Emporta, pour toujours, la Sonneuse de glas !...

Péri en mer!...

PÉRI EN MER!...

... Hélas! dans les vingt ans que j'ai fait la Grand'Pêche
J'en ai-t-il vu mourir des Terneuvas! — N'empêche
Que s'il est une mort que je n'oublierai pas
C'est celle du premier de mes quatre grands gâs!

Je vas en quelques mots vous en conter l'histoire :

Nous étions tous plongés dans la nuit la plus noire
Quand, mon quart achevé, très las, je m'endormis,
Vautré dans l'entrepont à côté des amis ;
Il faisait cependant un bien rude tangage :
Le Vent, dans nos deux mâts, hurlait, faisait tapage ;
Et, vraiment, pour dormir ainsi que nous dormions
Il fallait être morts à demi : nous l'étions !

Une main, tout à coup, me pousse ; et je me lève,
Croyant que c'est déjà l'équipe de relève
Et que mon gâs s'en vient se coucher à son tour ;
Comme il faisait toujours aussi noir qu'en un four
Je demande : « Est-ce toi, mon petit ? »... Mais, dans l'ombre,
Une voix nous cria : « Debout, les gâs ! On sombre :
« Huit hommes à la pompe et le reste là-haut ! »
J'attrape mon « ciret » puis, ne faisant qu'un saut,
J'arrive sur le pont que la Vague féroce
De bout en bout balaie à chaque instant, la rosse !
Mais, voilà que, sinistre, un cri traverse l'air :
« A l'Avant, par tribord, un homme dans la Mer ! »
Tonnerre ! si le bougre en réchappe, me dis-je,
Ce sera par un coup qui tiendra du prodige !
D'autant que nous avions touché sur un écueil...

J'avançais à tâtons vers l'Arrière et, de l'œil,
Je cherchais mon Yanik, quand, devant moi, très vague,
Je crois apercevoir au sommet d'une vague
Le corps du naufragé dont nul ne sait le nom...
« Peut-on mettre un doris dehors ? » criai-je. « Non !
« Ce serait envoyer vers une mort certaine
« Cinq hommes pour le moins, cria le Capitaine,
« Et je dois les garder pour le salut commun ! »
Je répondis : « Patron ! vous n'en risquerez qu'un :
« Qu'on noue à ma ceinture un bon morceau d'écoute
« Pour que j'aille quérir l'ami qui boit sa goutte ;
« Il ne sera pas dit qu'un Breton, qu'un marin,
« Laisse un être en péril sans le défendre un brin ! »
Et me voilà sautant par-dessus le bordage,
Nageant ferme, vers l'autre, au bout de mon cordage
Et, de loin, lui criant de temps en temps : « Tiens bon ! »
Enfin, à mes appels, au large, un cri répond,
Lugubre, déchirant, plus haut que la Tourmente,
Et, dans la pauvre Voix qui hurle et se lamente,
Je reconnais la Voix de mon gâs... de Yanik
Que je croyais toujours à l'arrière du brick !...
Ce fut un rude coup pour mon vieux cœur de père !
Mais je nageais plus vite en lui criant : « Espère ! »
Enfin, à la lueur d'un éclair aveuglant
J'aperçois, pas très loin, son visage tout blanc,
Aux pauvres yeux hagards, à la bouche tordue
Qui m'appelait toujours d'une Voix éperdue !...
Et je nageais ! et je nageais, l'Espoir au cœur,
Quand, tout à coup, je sens en frissonnant d'horreur
Que, malgré mes efforts, je demeure sur place...

— Vous vous dites, pas vrai, qu'à la longue on se lasse :
Espérez !... car le plus terrible n'est pas dit ! —

Si je n'avançais plus c'est qu'un filin maudit
Qu'à ma ceinture avait noué le capitaine

Etait trop court, hélas ! de trois mètres à peine :
Quelques brasses de plus et j'empoignais mon gâs !...
Je voulus détacher l'écoute... et ne pus pas,
La couper... encor moins... et je hurlais de rage ;
Et mon pauvre Yanik, emporté par l'orage,
Disparut à ma vue et sombra sans recours
En poussant un long cri... que j'entendrai toujours !...

Ah ! la Mée ! Ah ! la Mée ! Ah ! la gueuse des gueuses !
Elle en fait-il des malheureux, des malheureuses !
A croire que tant plus on est à l'adorer...
Tant plus Elle a plaisir à nous faire pleurer !...

(Cette poésie est éditée séparément. — G. Oudet, editeur.)

L'Horloge de Grand'mère

L'HORLOGE DE GRAND'MÈRE

C'est une Horloge en châtaignier,
Au long coffre à la mode antique,
Que dut, longuement, travailler
Quelque Michel-Ange rustique :

Au bas, le sonneur de biniou
Fait face au sonneur de bombarde,
Durant qu'au fronton un hibou
De ses grands yeux ronds vous regarde.

Oh ! combien cela me charmait,
Quand j'étais tout petit, de suivre
La mort des Heures, que rythmait
L'énorme balancier de cuivre ;

Car, vraiment, lorsque, près d'un seuil,
On contemple une Horloge-close,
Elle a tout l'air d'un long cercueil
Où le Temps, qui n'est plus, repose !

***

La première Heure que chanta
L'Horloge de sa Voix profonde
Fut celle où grand'maman jeta
Son premier cri dans ce bas-monde,

Et ce fut ce *Dong!*, éclatant
De demi-heure en demi-heure,
Qui régla, dès lors, chaque instant
De ta Vie, O Toi que je pleure !

Dong! Dong! elle sonnait ainsi
Et l'Heure grave et l'Heure folle
L'Heure des jeux et l'Heure aussi
Où l'enfant partait pour l'école ;

Dong! Dong! le moment du Réveil,
Puis l'Heure où l'on se met à table ;
Dong! Dong! le moment du Sommeil
Quand passe le « Jeteur de sable » ;

Dong! Dong l'Heure où, pour le Saint-Lieu,
On part, en bande, le Dimanche ;
L'Heure où, pour recevoir son Dieu,
Plus tard, on met sa robe blanche ;

Dong! Dong! la prime-aube du jour
Où l'on va travailler la Terre,
Et puis l'Heure où gémit d'amour
Le cœur las d'être solitaire !

Dong! Dong! les instants si joyeux
Où les petits gâs apparaissent ;
L'Heure digne où s'en vont les vieux
Pour faire place à ceux qui naissent !

*
* *

... Et la Femme en âge avançait,
Devenait Maman, puis Grand'Mère...
Et l'Horloge aussi vieillissait
A tant sonner l'heure éphémère ;

Et Grand'Maman allait, venait,
Chaque jour de plus en plus frêle...
Et l'Horloge sonnait, sonnait,
D'une voix de plus en plus grêle ;

Quand de Grand'Maman la Raison
Sembla, pour toujours, endormie
L'Horloge, à travers la maison,
Sonna l'heure pour la demie ;

Et Grand'Maman, dans son lit-clos,
Agonisa, puis se tint coîte...
Et ce furent de longs sanglots
Que pleura l'Horloge en sa boîte ;

Enfin, dans le lit, un soupir...
Et le grand balancier de cuivre
S'arrêta d'aller et venir
Quand Grand'Maman cessa de vivre...

Et Grand'Mère auprès des Elus
Est montée avec allégresse...
Et l'Horloge ne sonne plus :
Elle est morte aussi de vieillesse,

Morte à jamais! C'est vainement
Qu'un grave horloger l'interroge :
C'était le Cœur de Grand'Maman
Qui battait dans la vieille Horloge!

———

(Cette *poésie est éditée séparément*. — G. Ondet, éditeur.)

DEUXIÈME PARTIE

Chansons

à dire

MA GRAND'MÈRE

C'est une vaillante Bretonne
De près de soixante et sept ans,
Dont le reverdissant Automne
Nargue les Hivers attristants,
Dans le pays on la vénère ;
Mais, moi, je l'adore avec Foi :
Si vous connaissiez ma grand'mère
Vous l'adoreriez comme moi !

Quand je n'étais qu'un petit être,
Frêle bambin grand comme ça,
Dans mon petit berceau de hêtre
C'est grand'maman qui me berça.
Bien souvent, la soirée entière
Elle chantait pour m'endormir :
Ce sont les Chansons de grand'mère
Qui chantent dans mon souvenir !

Ses bons yeux, couleur de pervenche,
Ont un clair regard si profond
Que, lorsque vers eux l'on se penche,
On croit voir son cœur... tout au fond.
Jamais un éclair de colère
N'en troubla la sérénité :
Ce sont les bons yeux de grand'mère
Qui m'ont appris la Charité !

A la grand'messe, le Dimanche,
Oh ! qu'elle était jolie encor
Avec sa grande coiffe blanche,
Son justin noir et sa croix d'or !
Elle aimait dire sa prière
A côté de son petit-fieu :
J'ai tant vu prier ma grand'mère
Que, depuis lors, je crois en Dieu !

Mais, l'Heure ingrate étant venue,
Un soir d'Avril je la quittai ;
Depuis, je ne l'ai pas revue...
Oh ! j'irai la voir... cet Été !
Mais, en entrant dans sa chaumière,
Quels remords pour moi, quels sanglots !
Si je ne trouvais plus grand'mère
M'espérant près de son lit-clos !

Son amour me restant fidèle
Dans la Mort comme au temps jadis,
Je suis bien certain que, près d'elle,
J'aurai ma place en Paradis
Où, l'Eternité tout entière,
Contre son vieux cœur, dans ses bras,
Ma très sainte et douce grand'mère
Pourra bercer son petit gâs !..

(Musique de Théodore Botrel. — G. Ondet, éditeur.)

AU PARSON

J'ai voulu revoir le logis
Que j'habitais avec grand'mère,
J'ai voulu revoir le logis
Que j'habitais au temps jadis ;
J'ai voulu revoir la maison,
La rustique et pauvre chaumière,
J'ai voulu revoir la maison
Que nous habitions au Parson :

C'est à la gauche du chemin
Qui traverse l'Ille-et-Vilaine,
C'est à la gauche du chemin
Qui mène au pays de Saint-Méen ;
Je l'ai quitté voilà vingt ans,
Mais je l'ai reconnu sans peine,
Je l'ai quitté voilà vingt ans,
Ce doux pays de mon printemps !

J'ai sauté, tout comme autrefois,
Sauté pour enjamber la douve,
J'ai sauté, tout comme autrefois,
Par dessus l'échalier de bois ;
J'ai reconnu le vieux courtil
Comme un vieil ami qu'on retrouve,
J'ai reconnu le vieux courtil
Tout baigné des rayons d'avril !

Et j'ai bonjouré le jardin
Et la maison couverte en chaume,
Et j'ai bonjouré le jardin
Dont vous ririez avec dédain...

Et j'ai fait lentement le tour
De mon ancien petit royaume,
Et j'ai fait lentement le tour...
Pleurant sur mon tardif retour ;

Car, hélas ! je n'ai plus trouvé,
Dans le coin de sa cheminée,
Car, hélas ! je n'ai plus trouvé
Celle qui m'avait élevé :
Elle avait fermé ses bons yeux
Deux jours avant mon arrivée,
Elle avait fermé ses bons yeux
Pour ne plus les rouvrir qu'aux Cieux !

Et, tout secoué de sanglots,
J'ai tiré doucement la porte ;
Et, tout secoué de sanglots,
Sur le seuil, j'ai gravé ces mots :
« C'est ici que gît le meilleur
De ma jeunesse à jamais morte,
C'est ici que gît le meilleur,
Le plus pur lambeau de mon cœur ! »

Adieu donc, cher petit Parson !
Adieu, pays de mon enfance !
Adieu donc, cher petit Parson,
Vieux amis et vieille maison !
Votre gâs, demain, s'en ira
En exil au pays de France,
Votre gâs, demain, s'en ira :
Seul, Dieu sait quand il reviendra !..

Sur l'air de « La Chanson des matelots » de Yann Nibor.

LE VENT QUI RÔDE

« Hou ! hou ! fait le Vent... Ouvrez votre porte !
— Oh ! que nenni dà ! — Hou ! hou ! que m'importe !
J'entrerai quand même en votre logis !
— Close, toute close est la maisonnée !
— Hou ! hou ! j'entrerai par la cheminée,
Et sans me brûler aux tisons rougis !... »
... Et, comme chez lui, chez nous il se loge,
S'en va de l'armoire à la grande horloge,
De l'horloge au lit des bons vieux parents ;
Et les tout petits sous leurs draps se cachent...
Mais il vient vers eux, car *il faut* qu'ils sachent
Quel sort les attend quand ils seront grands !...

    Savez-vous pourquoi, désertant les flots
        Couleur d'émeraude,
        Le Vent rôde, rôde
        Autour des lits-clos ?

    « Hou ! hou !
Ecoutez, petits, dit le Vent qui vente
En adoucissant sa voix d'épouvante,
Ecoutez, petits, au lieu de frémir ;
Je viens de très loin vous dire des choses
Comme au grand jamais vos mères moroses
Ne vous en ont dit pour vous endormir ;
Je sais une Fée, à la voix très douce,
Qui, pour bien bercer le beau petit mousse,

Chante une chanson si belle, lon là !
Que vous oublierez la mère et l'aïeule
Pour n'écouter plus, seule, toute seule,
Pour n'écouter plus que cette voix-là !... »

  Savez-vous pourquoi, désertant les flots
    Couleur d'émeraude,
    Le Vent rôde, rôde
   Autour des lits-clos ?

  « Hou ! hou !
Je sais une Fée aux yeux de mystère
Qui font oublier le ciel et la terre,
Et changent le rêve en réalité ;
Des yeux prometteurs d'extases sans nombre,
Des yeux tout remplis de clartés ou d'ombre,
Des yeux bleus ou verts à sa volonté ;
Elle a les cheveux couleur d'algues vertes
Et ses bras ouverts, et ses mains ouvertes,
Vous dispenseront d'immenses trésors
Comme n'en a pas la Terre inféconde,
Et qui vous feront les maîtres du monde
Car ils vous feront aussi les plus forts !... »

  Savez-vous pourquoi, désertant les flots
    Couleur d'émeraude,
    Le Vent rôde, rôde
   Autour des lits-clos ?

  « Hou ! hou !
Délaissez vos sœurs, délaissez vos mères,
Et n'écoutez pas leurs plaintes amères :
Le Dieu des « terriens » les consolera !
Imitez, enfants, vos pères, vos frères :

On les a traités de fous téméraires...
Où sont-ils allés ? Nul ne le saura...
... Ils sont au pays, pays chimérique,
Plus lointain que l'Inde et que l'Amérique
Qu'on a baptisé du mot : Inconnu !
Au pays d'oubli, d'extases divines,
Pays des coraux et des perles fines...
... Et voilà pourquoi nul n'est revenu !... »

  Savez-vous pourquoi, désertant les flots
    Couleur d'émeraude,
   Le Vent rôde, rôde
   Autour des lits-clos ?

 « Hou ! hou !
Et voilà pourquoi, lorsque viendra l'heure,
Tous, vous quitterez la mère qui pleure
Pour Celle de qui nous parlons tout bas...
Mais, en attendant, reprenez vos sommes ;
Demain, vous serez de beaux petits hommes :
La Fée aux yeux verts aime les beaux gâs !
   Hou ! hou ! »

Et le Vent rôdeur retourne à la grève...
Et les moussaillons font un joli rêve
Dans le creux douillet de leur oreiller :
Ils font leurs adieux à la maisonnée,
Ils rêvent que l'heure est déjà sonnée
Où leurs bâtiments vont appareiller !...

  Et voilà comment, pourvoyeur des flots
    Couleur d'émeraude,
   Le grand Vent qui rôde
   Fait les Matelots !

(*Cette poésie est éditée séparément.* — G. Ondet, éditeur.)

LA CHANSON DES PETITS SABOTS

Les petits sabots des petits Bretons,
    Petites Bretonnes,
Chantent des Chansons en différents tons
    Jamais monotones :
    Toc, toc, toc, toc !
Petits sabots, chantez, chantez !
    Toc, toc, toc, toc !
Comme des sabots enchantés !
    Petits sabots !

Les petits sabots des petits Bretons
    S'en vont à l'Ecole :
Ils dansent en rond, les jours de Pardons,
    Une ronde folle :
    Toc, toc, toc, toc !
Petits sabots, dansez, dansez !
    Toc, toc, toc, toc !
Au rythme des Chants cadencés !
    Petits sabots !

Les petits sabots des petits Bretons,
    Une fois l'année
S'alignent en rang, devant les tisons,
    Dans la Cheminée :
    Toc, toc, toc, toc !
Petits sabots, jamais déçus,
    Noël ! Noël !
« Espérez » le petit Jésus !
    Petits sabots !

Chers petits sabots des petits Bretons
    Trop tôt l'on vous quitte :
Des petits Bretons les petits petons
    Grandissent trop vite!
    Toc, toc, toc, toc!
Petits sabots des bien-aimés
    Dodo! dodo!
Dans les greniers, dormez, dormez,
    Petits sabots!

(*Musique de Théodore Botrel.* — G. Ondet, éditeur.)

QUAND NOUS SERONS VIEUX!...

En fermant un peu les yeux
Je nous vois, moi déjà vieux
Et toi déjà presque vieille ;
Ils seront loin nos beaux jours,
Mais je te dirai toujours
Des mots très doux à l'oreille !

Ah ! certes, l'on changera
Quand la vieillesse viendra
Avec son triste cortège :
Le temps ridera ton front
Et tes cheveux noirs seront
Comme saupoudrés de neige,

Ta taille s'alourdira...
Mais mon vieux cœur t'aimera
Plus que je ne puis le dire,
Car, malgré tes cheveux gris,
Ta bouche et tes yeux flétris
Auront le même sourire !

Puis, si Dieu daigne bénir
Les époux qu'il vient d'unir,
Il nous enverra ses anges ;
Et nous verrons, triomphants
Les enfants de nos enfants
Bégayer parmi leurs langes !

Mais, en attendant Demain,
Cueillons les fleurs du Chemin,
Oublieux des immortelles...
Car, lorsque nous partirons,
Là-haut nous rajeunirons
Pour des Amours éternelles !

(Musique de Paul Delmet. — Enoch et Ciᵉ, éditeurs.)

PAUVRE P'TIT GAS!

Nul ne connut jamais son âge !
Son nom ? Ma foi, pas davantage !
Sa famille ? Il n'en avait pas :
On l'avait trouvé sur la plage...
    Pauvre p'tit gâs !

Sans jamais aller à l'école,
Sans baiser ni bonne parole,
Vêtu de trous du haut en bas,
Il poussa comme une herbe folle...
    Pauvre p'tit gâs !

Lorsque la mer était mauvaise
Il chantait, le cœur plus à l'aise,
Gîté, malgré vents et frimas,
Dans un abri de la falaise...
    Pauvre p'tit gâs !

Dédaignant faucille et charrue,
De bonne heure il fut la recrue
D'un capitaine Terneuvas
Et s'en fut pêcher la morue !...
    Pauvre p'tit gâs !

Or, un soir, la vague en furie
Fait au vieux brick une avarie
Suffisante à le couler bas :
L'eau monte dans la « batterie »!...
    Pauvre p'tit gâs !

Et l'enfant s'offre en volontaire
Pour porter un « fil » à la terre
Que l'on aperçoit tout là-bas...
Le « va-et-vient » va-t-il se faire ?...
    Pauvre p'tit gâs !

Malgré les brisants et l'orage
Il attînt la côte à la nage,
Puis mourut... tant il était las !...
Mais il sauva tout l'équipage !...
    Pauvre p'tit gâs !

Plus que tous nos héros célèbres
Il fut pleuré dans les ténèbres
Par les marins, disant tout bas,
En guise d'oraisons funèbres :
    « Pauvre p'tit gâs !
    « Pauvre p'tit gâs !!! »

(Musique de Théodore Botrel. — G. Ondet, éditeur).

GOËLANDS ET GOËLETTES

Allons voir les goëlettes
Dans le bassin de Paimpol :
Les goëlands, les mouettes
Les caressent dans leur vol ;
Puis, quand les Vagues s'élancent
A l'assaut du quai noirci,
Les goëlands s'y balancent :
Les goëlettes aussi !

Les grands oiseaux d'aventures
Vont se perdre dans les cieux ;
Les bateaux et leurs mâtures
Tendent leurs longs bras vers eux ;
Les jours et les mois s'envolent,
L'Hiver passe sans souci !...
Les goëlands se désolent :
Les goëlettes aussi !

Lorsque Février arrive
Les goëlands sont joyeux ;
Des voix pleurent sur la Rive
La Complainte des Adieux !
— « Vos Paimpolaises sont belles,
Islandais ! restez ici !... »
Les goëlands ont des ailes :
Les goëlettes aussi !...

(*Musique de Théodore Botrel.* — G. Ondet, éditeur)

SOIR D'ÉTÉ

Lison, ma câline,
Quittons la colline,
Car le jour décline
Au rouge horizon,
Avant qu'il ne meure,
Profitons de l'heure :
A notre demeure
Viens-t'en, ma Lison !
Dans la paix immense
Du soir qui commence
Monte la romance
Des petits grillons,
Et la plaine rase
Que Phébus embrase
Savoure l'extase
Des derniers rayons !

Des voix enjôleuses
Sortent des yeuses :
Ce sont les berceuses
Des petits oiseaux.
Et, sa porte close,
La fermière Rose

Chante même chose
Entre deux berceaux!
C'est l'Heure très pure
Où dans la ramure,
Passe le murmure
Du grand vent calmé;
L'Heure langoureuse
L'Heure où l'amoureuse,
Se suspend, heureuse,
Au bras de l'Aimé;

C'est l'heure touchante
Où tout nous enchante,
Où, la cloche chante
L'Angelus, au loin,
Et c'est l'heure grise
Où la douce brise
S'imprègne et se grise
De l'odeur du foin;
C'est l'Heure où tout aime
Où, las du blasphème,
Le Méchant, lui-même,
Est un peu meilleur :
Le cœur se dépouille
De tout ce qui souille...
L'Ame s'agenouille
Devant le Seigneur!

Lison, ma petite,
Prions-Le bien vite
Pour qu'on ne se quitte
De l'Eternité,

Et qu'Il nous convie
A fuir cette vie
A l'Heure ravie
D'un beau Soir d'Eté...

(*Extrait de* " Chansons à Lison ". — *Musique de Désiré Dihau*
G. Ondet, éditeur.)

PETIT A PETIT

Lorsque j'entends les doux murmures
De leurs printanières chansons,
Je vais guetter, sous les ramures,
Les fauvettes et les pinsons :
Avec la mousse, avec la laine,
Mêlant le brin d'herbe jauni,
  Petit à petit
 Dans le cœur du chêne,
  Petit à petit
 L'Oiseau fait son nid !

Le jouvenceau, la jouvencelle
A l'aube de leurs dix-sept ans,
Comme l'oiseau, comme l'oiselle,
Frémissent quand vient le printemps.
N'est-ce pas Dieu, Lui-même, en somme,
Qui les rassemble et les bénit ?
  Petit à petit
 Dans le cœur de l'homme,
  Petit à petit
 L'Amour fait son nid !

Mais la route est rude et cruelle
A qui veut gravir les sommets
Vers l'Idéal qui nous appelle...
Et que nous n'atteignons jamais ;

Mille fois le sort nous assomme...
On se redresse à l'infini :
    Petit à petit
Dans le cœur de l'homme,
    Petit à petit
L'Espoir fait son nid !

Enfin, un matin, l'on s'étonne
Que tout soit de neige couvert :
On se croit à peine en automne
Que, déjà, l'on est en hiver !
Notre cœur dort son dernier somme,
Et puis notre esprit s'embrunit :
    Petit à petit
Dans le corps de l'homme,
    Petit à petit
La Mort fait son nid !

(*Musique de Désiré Dehau.* — G. Ondet, éditeur.)

LE TRICOT DE LAINE

Malgré le grand Vent
Qui gronde sans trêve
Léna Le Morvan
S'en vient à la grêve,
S'en vient en chantant
Une cantilène,
Tout en tricotant
Un beau gilet de laine.

Son « point de tricot »
Connu d'elle seule
Lui vient de Margot,
Sa défunte aïeule;
Et son homme — un fier
Et beau capitaine —
Mettra cet Hiver
Ce bon gilet de laine.

Sur un bâtiment
De pêche il commande...
Mais, en ce moment,
Il revient d'Islande :
« Jamais reprisé,
« Huit mois à la peine,
« Qu'il doit être usé
« Son vieux tricot de laine ! »

La Mer, aujourd'hui,
A l'air de lui dire :
« J'amène Celui
« Que ton cœur désire. »
Songeant au retour
La joyeuse Elène
Met tout son amour
Dans son tricot de laine.

Près d'elle, soudain,
L'Océan qui bave
Jette avec dédain
Une horrible épave :
C'est un naufragé
Recouvert à peine
D'un « ciret » rongé
Et d'un tricot de laine.

Jetant son tricot
Dans la Mer menteuse,
Avec un sanglot
Meurt la tricotteuse :
Sur le corps mi-nu
Que la Vague amène
Elle a reconnu
Son vieux tricot de laine !...

(*Musique de Théodore Botrel.* — G. Ondet, éditeur.)

LE VIEUX JALOUX

Que te voilà bien attiffée,
Vieille coquette à cheveux blancs !
On dirait d'une belle Fée
Qui s'en va quérir des galants !

T'as mis ta jupe la plus belle
Et ton justin le plus mignon,
Ta grande coiffe de dentelle
Qui, de loin, semble un papillon...

Ton cou, ton bras et ton oreille
Sont parés d'affiquets d'argent !...
Mais ton Vieux auprès de sa Vieille
Aura l'air d'un pauvre Saint-Jean !

Bah ! tant pis ! Donne-moi ma canne,
Prends par la main le petit-fieu ;
Et partons visiter Sainte Anne
La Mère-Grand de l'Enfant-Dieu !

. . . .

— Las ! ne faudrait point de la sorte
Bonjourer tous les beaux passants :
C'est que t'es encor bien accorte
Malgré tes soixante et deux ans !

Ne ris point ! ne souris point même :
Si je suis jaloux c'est tant mieux !
On n'est jaloux que tant qu'on aime,
Et l'on peut aimer... quoique vieux !

Or, malgré l'âge, ton bonhomme
T'estime encor par-dessus tout :
Dam ! quoique ridée une pomme
N'en garde pas moins son bon goût !

(*Musique de Théodore Botrel.* — G. Ondet, éditeur.)

LA LETTRE DU GABIER

« Hier matin, notre commandant
Nous a dit que le bâtiment
S'en allait partir à la guerre :
Par la présente, votre fieu
S'en vient vous dire son adieu,
   Bonne grand'mère !

J'aurais bien voulu, core un coup,
Mettre mes bras à votre cou
Tout comme au temps de mon enfance ;
Mais, l'un et l'autre, oublions pas
Qu'à présent votre petit gâs
   Est à la France !

Les camarades du pays
A leurs parents, à leurs amis,
Font aussi leurs adieux bien vite,
Espérant que la lettre-ci
Vous trouvera vaillants, ainsi
   Qu'elle nous quitte.

Paraît qu'on va voir les Chinois ;
J'espère bien qu'avant un mois
Ils seront battus par les nôtres !
Si l'on débarque.. faudra voir :
Je saurai faire mon Devoir
   Comme les autres !

Je veux être le mieux noté
Pour m'en revenir Breveté,
Peut-être même quartier-maître :
Avec mes galons frais cousus
Je rirais si vous n'alliez plus
  Me reconnaître !

Si je meurs — dam ! faut tout prévoir ! —
Vous prierez pour moi chaque soir
Madame la Vierge Marie :
Dites-vous, dans votre chagrin,
Que je suis mort, en bon marin,
  Pour la Patrie !

Voici qu'on sonne le départ:
Embrassez tout doux, de ma part,
Celle... à qui chaque jour je pense ;
Qu'elle me conserve son cœur :
Il sera, si je suis vainqueur,
  Ma récompense !

Adieu ! pour de bon, cette fois,
D'autant que, vraiment, je ne vois
Plus rien autre chose à vous mettre ;
Votre Yvon,
  Élève gabier,
Qui, sans finir de vous aimer,
  Finit sa lettre. »

(*Musique de Théodore Botrel.* — G. Ondet, éditeur.)

LA NUIT EN MER

La brise enfle notre voile :
Voici la première étoile
    Qui luit ;
Sur le flot qui nous balance,
Amis, voguons en silence,
    Dans la nuit.
Tous bruits viennent de se taire,
On dirait que tout, sur Terre,
    Est mort :
Les Humains comme les Choses,
Les oiseaux comme les roses
    Tout s'endort !...

Mais la Mer, c'est la Vivante,
C'est l'Immensité mouvante
    Toujours,
Prenant d'assaut les Jetées,
Dédaigneuse des nuitées
    Et des jours !...
Hormis Elle, rien n'existe
Que le grand Phare et son triste
    Reflet :
A la place la meilleure,
Mes amis, jetons sur l'heure
    Le filet !

Puis, enroulés dans nos voiles,
Le front nu sous les étoiles,
Dormons !
Rêvons, en la Paix profonde,
A tous ceux qu'en ce bas monde
Nous aimons !
Dormons sur nos goélettes
Comme en nos bercelonnettes
D'enfants...
Et demain, à marée haute,
Nous rallierons à la Côte,
Triomphants !...

(*Musique de Théodore Botrel.* — G. Ondet, éditeur.)

LES MAMANS

Sous les caresses maternelles
Nous grandissons dans un doux nid,
Impatients d'avoir des ailes
Pour voltiger vers l'infini...
Les méchants ingrats que nous sommes,
Semeurs de terribles tourments :
A peine sommes-nous des hommes
Nous faisons souffrir les mamans !

Joyeux bambins, chers petits anges
Changés vite en petits démons,
Gazouillez comme des mésanges :
Vos gais propos, nous les aimons...
Mais, comme nous faisions naguère,
Quand défilent nos régiments
Ne parlez jamais de la guerre,
Car ça fait trembler les mamans !

Lorsque vous serez, dans la vie,
Livrés à vous-mêmes un jour,
Sans défaillance et sans envie
Luttez pour vivre à votre tour...
Et, si le sort met en déroute
Les fiers espoirs de vos romans,
Ne quittez pas la droite route,
Car ça fait pleurer les mamans !

Puis, redoublez de gentillesse
Lorsque leurs cheveux seront blancs;
Pour mieux égayer leur vieillesse
Redevenez petits enfants;
Entourez-les de vos tendresses,
Soyez calins, soyez aimants :
Ne ménagez pas vos caresses...
Ça fait tant plaisir aux mamans!!!

(*Musique de Paul Delmet.* — Quinzard, éditeur.)

IL ÉTAIT UN PETIT NAVIRE...

Il était un petit navire,
Il était un tout petit gâs !...

Le gâs était un petit être
Qui pleurait pour être embarqué ;
Son navire : un morceau de hêtre
Qui n'avait jamais navigué...
Le gâs avait gréé lui-même
Son navire, tant bien que mal,
Puis, quand vint le jour du Baptême,
L'avait baptisé : l'*Idéal !*

Il était un petit navire,
Il était un tout petit gâs !

Le gâs, tout le long de la grève,
Suivait son navire en rêvant,
En rêvant au pays du Rêve
Dont on lui parlait trop souvent...
Or, un jour, la Vague démente
Emporta le frêle bateau...
Sans prendre garde à la Tourmente
Le petit gâs entra dans l'eau...

Il était un petit navire,
Il était un tout petit gâs !

Et, depuis lors, sans paix ni trêve,
Le navire et le petit gâs
Voguent vers le pays du Rêve,
L'un serrant l'autre dans ses bras...
Du petit gâs ne faut point rire,
Amis, nous mourons de son Mal :
Chaque jour un de nous chavire
En courant après l'*Idéal !*

Pour le même petit Navire
Combien meurent de pauvres Gâs !!!

(*Musique de Désiré Dihau.* — G. Ondet, éditeur.)

LA CHANSON DES PETITS SAPINS

Savez-vous pourquoi les petits Sapins
Dont on a couvert la côte bretonne
Chantent un refrain triste et monotone
Lorsque le Vent souffle au creux des ravins?

Savez-vous pourquoi les petits Sapins,
Lorsque le soleil brûle leur échine,
Laissent échapper ces pleurs de résine
Qui font le régal de nos galopins?

Savez-vous pourquoi les petits Sapins
Agitent leurs bras, choquent leurs aiguilles
Quand passent, là-bas, entre les Sept-Iles,
Les bateaux danois, les fiers brigantins?

* *
*

Ils songent, alors, les petits Sapins,
Qu'ils sont du Pays toujours blanc de neige;
Ils ont reconnu les vents de Norvège
Dans les Norouas venus des lointains;

Ils ont reconnu, les petits Sapins,
Les marins Danois, beaux et téméraires...
Ils ont reconnu, surtout, leurs grands frères,
Les sapins géants, dans les mâts hautains;

Ils voudraient partir, les petits Sapins,
S'en aller aussi vers les mers arctiques;
Mais ils sont, hélas! maigres, rachitiques:
Les géants riraient de voir tous ces nains!

*
* *

... Et voilà pourquoi les pauvres petits,
Quand vient à souffler le grand vent d'Automne,
Chantent un Refrain triste et monotone:
C'est qu'ils ont aussi le mal du Pays!

BRETONS TÊTUS

« Pour vous faire oublier vos prières naïves,
Bretons, vos chapelets nous vous les brûlerons!...
   — Nous avons sainte Anne et saint Yves :
   C'est devant Eux que nous prierons.

— Alors, nous passerons les seuils de vos chaumières :
Vos Saintes et vos Saints nous vous les briserons !
   — Au pied des arbres des clairières,
   Devant la Vierge nous prierons.

— Hé ! que nous font, à nous, leurs têtes séculaires :
Tous vos grands chênes creux, nous vous les abattrons !
   — Il nous restera nos Calvaires :
   C'est devant Eux que nous prierons.

— Avec nos durs leviers, parmi les folles herbes
Tous vos Bons Dieux sculptés nous vous les abattrons !...
   — Nous avons des clochers superbes :
   En les regardant, nous prierons.

— De votre obscur Passé quand nous fendrons les voiles,
Vos fiers clochers à jour baiseront les pavés ...
   — Nous prierons devant les Etoiles :
   Abattez-les, si vous pouvez ! »

(Il existe une musique d'accompagnement de Ch. de Sivry.
Extrait de l'album *Chansons de la Fleur de Lys*. — G. Ondet, éditeur)

BONHEUR MANQUÉ

Quand je quittai les paysans
Qui veillaient sur mes premiers ans
Dans une bourgade endormie,
Je ne pleurai pas les bons vieux
Mais Lison, l'enfant aux beaux yeux
Que j'appelais « ma bonne amie ! »

Je l'emmenai, le dernier soir,
A travers les champs de blé noir
Promener, dans le clair de lune,
Et lui jurai dans un baiser,
De m'en revenir l'épouser
Quand j'aurais trouvé la Fortune !

Mais, à la chercher, comme un fou,
De ci, de là... je ne sais où,
Mon existence s'est passée ;
Et ce n'est que de loin en loin
Que je songeais au petit coin
Où m' « espérait » ma fiancée.

Enfin, par un beau jour d'été,
Vieilli sans m'en être douté,
Je revins dans notre village :
Une petite fille en deuil
Jouait au soleil sur un seuil,
Près d'une vieille au doux visage.

Et la fillette, trait pour trait,
Me parut le vivant portrait
De ma camarade d'enfance :
C'était bien l'azur de ses yeux
Et l'or de ses cheveux soyeux,
Et son sourire d'innocence !

« Ta *maman*, lui dis-je tout bas,
« Se nomme Lison, n'est-ce pas ?
— Maman ? Elle est au cimetière.
« Mais, si Lison, certainement,
« N'était pas le nom de maman.....
« C'est celui de bonne *Grand'mère* ! »

Et, le cœur empli de remords,
Je me penchai vers les yeux morts
De l'aïeule assise à sa porte
Où, comme dans un vieux miroir,
Un court instant je crus revoir
Notre Jeunesse à jamais morte !

Puis j'embrassai, comme jadis,
Un front d'enfant, et je partis,
Très vite, sans tourner la tête...
Mais, seul, au bout du grand chemin,
Très longtemps, le front dans la main,
J'ai sangloté... comme une bête !..

LA CROIX DE GRÈVE

A Saint-Michel-en-Grève,
Dans la grève il y a
Une Croix qui s'y lève
Depuis mille ans déjà :
Elle est là qui regarde
La Mer, en la bravant,
Comme un marin de garde
Sur le gaillard d'avant !

* * *

Mais, à chaque marée,
L'Océan furieux
Couvre la Croix sacrée
Et la cache à nos yeux :
Le Breton sur la Lieue (1)
Est en danger de mort
Dès que la vague bleue
Cache la Croix d'Armor !

* * *

C'est ainsi qu'en ce monde,
Sans crainte, nous allons :
Pourtant l'orage gronde,
Il lèche nos talons !
O Monde ! en vain tu beugles.
Je vois la Croix... là-bas !
... Mais malheur aux Aveugles
Qui ne la verront pas !!!

(*Musique recueillie par Théodore Botrel.* — G. Ondet, éditeur.)

---

(1) La grève de Saint-Michel (Côtes-du-Nord) se nomme «. la Lieue de Grève ».

LA RENCONTRE

~~~~~~~~~~

En ce temps-là, Jésus parcourait la Judée
Suivi de Jacque et Jean, les fils de Zébédée.

Or, comme le soleil incendiait leur front,
Ils entrèrent tous trois dans la forêt d'Ebron.

Et Jacques dit : « Seigneur, voyez ce sycomore,
Couchons-nous à son pied !... » Jésus dit : « Pas encore ! »

Plus loin, Jean s'écria : « Maître, entendez-vous pas
Une source qui chante et soupire tout bas ?
Ecoutons sa Chanson en buvant son eau fraîche. »
Et Jésus répondit : « La Loi que je vous prêche
« Défend de s'attarder aux sources du Chemin
« Avant d'avoir fini sa tâche, car Demain,
« En vérité je vous le dis, n'est qu'à mon Père :
« Un homme est en péril en ce bois ; il espère
« Que quelqu'un surgira, soudain, pour le sauver ;
« Cet homme est ici-près : l'entendez-vous pleurer ?
« Hâtons-nous, hâtons-nous ! la Source de la Vie
« Plus que celle des Bois est vivement tarie...
« Tristes bergers, mauvais pasteurs, en vérité,
« Ceux que lassent la Soif et le Soleil d'Eté ! »

Et Jésus s'éloigna, suivi de ses Disciples.

On entendait, au loin, de longs appels multiples,
Si terribles, si las et si désespérés
Que les oiseaux des bois se taisaient, effarés,

Et que les grandes fleurs et les petits brins d'herbe
Que frôlait le Seigneur radieux et superbe
En oubliaient, du coup, de saluer leur Dieu.

La Clairière s'ouvrit et, soudain, en un lieu
Lugubre, plein de rocs, de lianes, d'épines,
Propice à l'embuscade et propice aux rapines,
Un lieu dont l'Apreté, la Désolation
Semblaient faites pour l'antre horrible d'un lion,
Ils virent un Voleur au sinistre visage,
A la bouche tordue, à l'œil torve et sauvage,
Souple comme un chacal, velu comme les loups,
Qui tenait un passant dans ses épais genoux,
Et menaçait déjà sa victime abattue
De son poing lourd, armé d'une lame pointue.

Jésus tendit la main en disant : « Sois sauvé ! »
Et le bras que levait l'homme... resta levé !
— On eût dit la statue, en granit roux, du Crime —

Jacque et Jean, de sous lui, tirèrent sa victime.

C'était, dit l'Evangile, un marchand de Kérioth ;
Il venait du marché d'Ebron, et son chariot,
Demi-vide déjà de ses pièces de laine,
Etait là, renversé ; — mais sa poche était pleine
(Le Voleur le savait) de beaux deniers d'argent.
« Adore ton Sauveur, lui dirent Jacque et Jean,
« Et suis-nous sur les pas du Christ à barbe blonde,
« Car il est le Messie et le Sauveur du Monde ! »

Et l'homme répondit : « Certes, je le suivrai ;
« Mais... plus tard... dans un mois... aussitôt que j'aurai

« Bien placé mes deniers, bien cédé mon Commerce. »
Puis, redressant son char gisant à la renverse,
Pressé de rattrapper ces longs instants perdus,
Il salua Jésus, Jacque et Jean confondus,
Et s'en fut à grands pas, vers le Sud, vite, vite...
...Comme si le Voleur était à sa poursuite.

Jean, montrant celui-là qui volait et tuait,
Toujours au même endroit, paralysé, muet,
Cria : « Que ferons-nous de ce brigand, O Maître ?
« Il mérite la Mort, ce voleur et ce traître !
« Si vous le permettiez, Jacque et moi nous irions
« A la Ville chercher quelques centurions. »

Et Jésus répondit : « Non, cet homme doit vivre :
« Après avoir jeté son long couteau de cuivre,
« Qu'il aille vers le Nord et marche jour et nuit
« Jusqu'à l'heure où mon Père aura besoin de lui. »

Et le bandit sinistre et roux comme une bête
Baissa, baissa plus bas encor sa lourde tête,
Se traîna jusqu'au Christ et, d'un geste câlin,
Baisa, les yeux en pleurs, sa tunique de lin...
Puis il s'en fut plus triste en la forêt plus sombre,
Suivi par son Remords comme on l'est par son Ombre.

Jacque et Jean, stupéfaits, regardaient Jésus-Christ.

Et Jésus murmura : « Vraiment, c'était écrit :
« L'un et l'autre il fallait qu'aujourd'hui je les sauve. »

Et Jean dit : « Quels sont donc cet Ingrat et ce Fauve ? »

Et Jésus répondit en soupirant tout bas :
« L'un se nomme Judas et l'autre Bar-Abbas ! »

(Cette poésie est éditée séparément — G. Ondet, éditeur.)

La Réponse
de la Grand'Mère

LA RÉPONSE DE LA GRAND'MÈRE [1]

J'ai bien reçu, mon petit fieu,
La lettre où tu me dis adieu
Avant de partir en campagne,
Et je dicte la lettre-là
Que tu liras, bien loin déjà
    De la Bretagne !

Je suis fille d'un matelot :
J'ai mon homme et trois gâs dans l'eau
— La vie est quelquefois bien rude ! —
J'en ai tant dit des : « Au revoir ! »
Que je devrais bien en avoir
    Pris l'habitude

Pourtant, j'ai le cœur plein d'émoi :
C'est qu'aussi je n'ai plus que toi,
Plus que toi, tout seul, en ce monde,
Las ! que ferais-je, désormais,
Si je ne voyais plus jamais
    Ta tête blonde ?

Mais je console mes chagrins
En me disant que les marins
Ne meurent pas tous à la guerre :
Vas-y gaîment, mon petit gâs,
Et reviens vite dans les bras
    De ta grand'mère !

---

(1) Voir la *Lettre du Gabier*, page 167.

Pense à moi souvent, très souvent...
Et, chaque fois que le grand vent
Viendra de la côte bretonne,
Laisse-le te bien caresser :
Il t'apportera le baiser
    Que je lui donne.

Je prîrai la Vierge d'Arvor,
Bien que j'invoque — et mieux encor —
Sainte Anne... lorsque je suis seule :
C'est Elle qui doit, dans les cieux,
Protéger tous les petits-fieux,
    La bonne Aïeule!

Retiens bien ce que je te dis :
Celle à qui tu donnas jadis
L'anneau d'argent des accordailles
Sera fidèle à votre amour
Et t'espérera jusqu'au jour
    Des épousailles!

Sans adieu, mon petit Yvon :
Je dicte ces mots, qui s'en vont
Sonner bien doux à ton oreille,
A ta cousine Lénaïk,
Et je signe :
        Veuve ROUZIK,
  Ta pauvre vieille!

(Musique de Théodore Botrel. — G. Ondet, éditeur).

LA PITIÉ DES FLEURS

Triste, le cœur jaloux et l'âme en proie au Doute,
Loin de ma douce amie — hélas ! — pauvre exilé !
Par un matin de Juin j'ai quitté la Grand'Route
Et suis tombé, pleurant, dans un grand champ de Blé.

Et là, le cœur battant sur le cœur de la Terre,
J'ai conté mon chagrin aux épis jaunissant...
Mais rien n'a répondu dans le champ solitaire...
Que la Brise d'Eté qui chantait en passant !

Et j'ai dit à la Brise : « Où donc est mon amie ?
Songe-t-elle toujours à me garder son cœur ? »
Mais la Brise s'est tue... et, durant l'accalmie,
Vint à moi la chanson d'un oiselet moqueur !

Et j'ai dit à l'Oiseau : « Vite, parle-moi d'Elle ?
Tu l'as sans doute vue, o petit oiselet ? »
Mais, ainsi que le Vent, s'en alla l'hirondelle...
Et je n'entendis plus que l'eau d'un ruisselet !

Et j'ai dit au Ruisseau : « Montre-moi son visage !
Elle a dû se mirer en toi, petit ruisseau ! »
Mais l'Eau s'en fut, sans me répondre davantage
Que les Épis, la Brise et le petit Oiseau !...

* *
*

... C'est alors que, voyant ma Douleur sans pareille,
Un fier coquelicot m'a dit : « Je la connais :
La lèvre de ta Douce est plus que moi vermeille ;
Or, puisqu'Elle a ma bouche, elle ne ment jamais ! »

C'est alors qu'un bleuet m'a chanté même antienne :
« Je connais ton Amie et je connais ses yeux ;
Ses yeux ont la couleur du ciel... aussi la mienne :
Elle ne ment jamais puisqu'Elle a les yeux bleus ! »

Et c'est alors, enfin, qu'une humble pâquerette
M'a dit : « Effeuille-moi, trop incrédule amant !
Arrache, sans pitié, vite, ma collerette
Vois, Elle t'aime, un peu, beaucoup... énormément ! »

Alors, j'ai tendrement baisé chaque fleurette ;
Puis, rebouclant mon sac, malgré l'ardent Midi,
J'ai repris mon Chemin, en chantant à tue-tête,
Sûr d'être aimé... puisque les Fleurs me l'avaient dit !

(*Musique de Théodore Botrel*. — G. Ondet, éditeur.)

LES POMMIERS BRETONS

Je n'ai jamais chanté, Bretagne, tes grands chênes,
Tes peupliers si fiers, ni tes gros châtaigniers :
Ma pauvre Lyre a peur des géants de tes plaines
Et garde sa Chanson pour tes humbles pommiers.

Rabougris et noueux comme de petits gnômes,
Mais sûrs de leur noblesse et fiers de leurs aïeux,
Ils semblent les seigneurs des antiques Royaumes
Des Korrigans bossus, des Kernandons cagneux.

Vrais Bretons au cœur large — et trapus des épaules —
Ils bravent pluie et grêle et le grand vent d'Hiver ;
En Avril, tout ainsi que les Druides des Gaules,
Sous leur couronne blanche ils ont vraiment grand air ;

Parfois le gel survient et la récolte est maigre,
Et le cidre est bien dûr dans les vieux pots de grès !
Bah ! les gosiers bretons se moquent du cidre aigre :
Vidons les pots, d'abord... nous gémirons après !

Ecoutons la Chanson du bon cidre qui mousse !
Ecoutons la Chanson du bon cidre doré !
C'est la Chanson du pâtre et la Chanson du mousse,
Le Chant de la grand'Lande et du grand Flot sacré !

Oh ! la bonne Chanson qui monte des bolées !
Elle a tous les orgueils et toutes les douceurs :
C'est la mâle Chanson qui montait des mêlées
Quand le Breton luttait contre ses Oppresseurs ;

Ce n'est pas la Chanson — que nous n'entendons guère —
Qui vient du fruit ambré découvert par Noë,
C'est la rude Chanson que l'on clame à la Guerre :
La Chanson de Grallon et de Nominoë !

Lorsque le cidre bout, penchez-vous sur la tonne
Vous entendrez hurler le Bagaude et l'Alain ;
Penchez-vous plus encor : c'est une voix qui tonne
Notre-Dame-Guesclin ! Notre-Dame-Guesclin !

Puis la Voix s'attendrit... et ce sont les vieux Bardes
Qui disent leurs Gwerzious, leurs Sônes amoureux
Tout au lointain voici les binious, les bombardes,
Puis la Voix s'attendrit encore... et c'est Brizeux

C'est l'exquise Chanson, la Chanson de Marie,
De la Fleur-de-Blé-Noir douce comme le miel !...
Oui, le Cidre, Bretons ! nous parle de Patrie,
Et nous parle d'Amour, et nous parle du Ciel !

Ecoutons la Chanson de la bonne Récolte
Et non pas la Chanson qui vient de l'Eau-de-Feu :
L'une est un chant d'Amour, l'autre un chant de Révolte
Qui nous vient de Satan quand l'autre vient de Dieu ;

L'une nous réconforte et l'autre nous terrasse !...
Prenons garde, Bretons ! Nos Aïeux triomphants
Nous maudiront d'avoir abâtardi leur Race,
Et nous serons maudits encor par nos enfants !

Revenons au bon jus des Arbres de nos Pères :
Cultivons leurs vieux champs, replantons leurs vergers ;
Et que les gros pommiers, que les pommiers prospères,
Sous le Ciel gris d'Arvor, s'alignent, bien rangés ;

Que les pommiers nouveaux dressent bien haut leur faîte,
Lèvent bien haut leurs bras vers Dieu, pour le bénir,
Comme les jeunes gens lèvent bien haut la tête
Semblant mettre au défi le Malheur à venir.

Et que les vieux pommiers baissent bien bas leurs branches
Quand les petits Bretons auprès d'eux passeront,
Comme les grand'mamans baissent leurs têtes blanches
Pour que leurs petits gâs puissent baiser leur front !

*
* *

Bretons ! Bretons ! laissons pour le jus de nos pommes
Les breuvages maudits qui nous sont coutumiers
Si nous voulons, en paix, dormir nos derniers sommes
A côté des Aïeux... à l'ombre des pommiers !

(Cette poésie est éditée séparément. — G. Ondet, éditeur.)

PRINTEMPS DE BRETAGNE.

Faisant place aux Mois-Roses
Les Mois-Noirs (1) vont finir :
Les oiseaux et les roses
Vont enfin revenir ;
Le Printemps ensoleille
Un coin de mon Courtil...
Ma Bretagne s'éveille
Avec le mois d'*Avril* !

La Terre reposée
A mis son habit vert,
D'une neige rosée
Chaque arbre est recouvert ;
La fleur du Pommier pousse :
L'air en est embaumé...
Que ma Bretagne est douce
Quand vient le mois de *Mai* !

Au loin, sous la futaie,
Chante un doux rossignol ;
Au coin de chaque haie
Un baiser prend son vol ;
De la plaine endormie
Monte l'odeur du foin...
Viens-t'en rêver, ma mie,
Sous le grand Ciel de *Juin* !...

(Gregh, éditeur.)

---

(1) Miz dû.

COMPLAINTE D'EXIL

Sous le ciel bleu de la Provence,
O ma Bretagne! O mon pays!
A toi, toujours à toi je pense...
Sous le ciel bleu de la Provence
Je soupire après ton ciel gris!

Devant la Méditerranée
Douce comme un regard d'enfant
Je songe à ta vague obstinée...
Devant la Méditerranée
Je songe à ton rude Océan!

Devant ces arbres fantastiques :
Les eucalyptus, les palmiers,
Je songe à tes arbres rustiques...
Devant les géants des tropiques,
Je songe à tes petits pommiers!

Devant les mimosas, les roses,
La flore de toutes saisons,
Je songe à de plus humbles choses...
Devant les mimosas, les roses
Je songe à tes pauvres ajoncs!

Devant les grandes routes blanches,
Les larges chemins poussiéreux,
Je songe aux sentiers sous les branches ;
Devant les belles routes blanches,
Je songe à tes vieux chemins creux!

Devant les demeures princières,
Temples de richesse et d'amour,
Je songe à tes humbles chaumières...
Devant les demeures princières,
Je songe à tes clochers à jour !

L'Hiver venu, mon corps s'éloigne...
Mais mon cœur reste auprès de toi !
Que cette complainte en témoigne,
Arvor : de toi plus je m'éloigne,
Plus tu te rapproches de moi !

Cannes, février 1900.

LE COUTEAU

— « Pardon, Monsieur le Métayer,
  Si, de nuit, je dérange,
Mais je voudrais bien sommeiller
  Au fond de votre grange...
— Mon pauvre ami, la grange est pleine
  Du blé de la moisson,
Donne-toi donc plutôt la peine
  D'entrer dans la maison !

— Mon bon Monsieur, je suis trop gueux :
  Qué gâchis vous ferais-je !
Je suis pieds-nus, sale et boueux
  Et tout couvert de neige !
— Mon pauvre ami, quitte bien vite
  Tes hardes en lambeaux :
Pouille-moi ce tricot, de suite ;
  Chausse-moi ces sabots !

— De tant marcher à l'abandon
  J'ai la gorge bien sèche :
Mon bon Monsieur, bâillez-moi donc
  Un grand verre d'eau fraîche !
— L'eau ne vaut rien lorsque l'on tremble,
  Le cidre... guère mieux :
Mon bon ami, trinquons ensemble,
  Goûte-moi ce vin vieux !

Mon bon Monsieur, on ne m'a rien
  Jeté le long des routes :
Je voudrais, avec votre chien,
  Partager deux, trois croûtes !
— Si, depuis ce matin, tu rôdes,
  Tu dois être affamé :
Voici du pain, des crêpes chaudes,
  Voici du lard fumé !

— Chassez du coin de votre feu
  Ce rôdeur qui ne bouge !
Etes-vous « Blanc » ? Etes-vous « Bleu »
  Moi... je suis plutôt « Rouge »
— Qu'importent ces mots : République,
  Commune ou Royauté :
Ne mêlons pas la Politique
  Avec la Charité !.. »

Puis le métayer s'endormit,
  La mi-nuit étant proche
Alors, le vagabond sortit
  Son couteau de sa poche,
L'ouvrit, le fit luire à la flamme,
  Puis, se dressant soudain,
Il planta sa terrible lame
  Dans... la miche de pain !!

Au matin-jour, le gueux s'en fut
   Sans vouloir rien entendre,
Oubliant son couteau pointu
   Au milieu du pain tendre :
Vous dormirez en paix — O riches ! —
   Vous et vos capitaux
Tant que les gueux auront des miches
   Où planter leurs couteaux !..

(*Musique de Théodore Botrel.* — G. Ondet, éditeur.)

L'ECHO

Rôdant triste et solitaire,
Dans la forêt du mystère,
J'ai crié, le cœur très las :
« La vie est triste ici-bas !
... L'écho m'a répondu : *Bah !*

« Echo, la vie est méchante ! »
Et, d'une voix si touchante
L'écho m'a répondu : *Chante !*

« Écho ! écho des grands bois,
« Lourde, trop lourde est ma Croix ! »
L'écho m'a répondu : *Crois !*

« La Haine en moi va germer :
« Dois-je rire ? ou blasphémer ? »
Et l'écho m'a dit : *Aimer !*

Comme l'écho des grands bois
Me conseilla de le faire :
J'aime, je chante et je crois...
... Et je suis heureux sur terre !

Gallet, éditeur.)

LA LETTRE DE LA FAUVETTE

Hier, dans l'écorce béante
D'un vieux chêne fleuri de houx
— Primitive poste-restante —
J'ai découvert ce billet doux :

« Monsieur Pinson, propriétaire,
Professeur de chant, demeurant
Dans le grand jardin du notaire
Sur le troisième arbre, en entrant.

Monsieur, j'ai reçu votre lettre
Toute palpitante d'amour ;
Je suis imprudente, peut-être,
En y répondant à mon tour,

Car bien des jaloux, à la ronde,
Nous observent d'un œil furtif...
Que nous veut donc ce méchant monde,
Puisque c'est pour le bon motif ?

Puis, si maman savait la chose,
Tout serait bel et bien fini !
Sans examiner notre cause
Elle me chasserait du nid.

Et je ne veux pas qu'elle pleure
Surtout, surtout en ce moment!
Songez!... je ne suis pas majeure :
Il nous faut son consentement!

Je vous écris donc, en cachette,
Sur la feuille d'un romarin :
La crainte me trouble la tête;
C'est pourquoi je griffonne un brin.

Et, tandis que ma plume folle
Cause gaîment de l'avenir,
Auprès de vous mon cœur s'envole
Sur les ailes du souvenir.

* *
*

Nous nous vîmes, à la vendange,
Tous deux, pour la première fois,
A la noce d'une mésange
Avec un rossignol des bois.

Vous escortiez une hirondelle
Qui n'y voyait plus que d'un œil;
Pour moi, je m'appuyais sur l'aile
D'un vieux galantin de bouvreuil.

D'un commun accord, nous quittâmes
Nos compagnons laids et quinteux,
Et, côte à côte, nous marchâmes
Sans plus nous inquiéter d'eux.

Un merle, aussi noir qu'un diable,
Consacra vite l'union;
Un vieux capucin vénérable
Donna sa bénédiction;

Puis, ensuite, au bal, sur la mousse,
Vous n'avez dansé qu'avec moi,
Me parlant d'une voix si douce
Que je croyais mourir d'émoi.

Mais ce ne fut pas sans murmures
Que nous quittâmes le festin :
En avons-nous mangé des mûres
Et picoré du bon raisin !

Pour finir, vous m'avez grisée
Sans pitié, monsieur l'enjôleur,
En versant l'exquise rosée
Dans le calice d'une fleur.

Si bien que je perdais la tête,
Chancelant comme les roseaux...
C'est joli pour une fauvette
Qui sort du Couvent des Oiseaux!

Comme, la nuit, je suis peureuse,
Tous deux nous prîmes notre vol,
Pendant que la mésange, heureuse,
Fuyait avec son rossignol.

Et, ma foi, puisque j'entends dire
Que j'atteins l'âge de l'amour,
Comme eux deux je voudrais construire
Un beau petit nid, à mon tour.

A nous aimer tout nous invite;
Notre avenir sera charmant !
Allons, monsieur, venez bien vite
Demander ma patte à maman.

J'aurais bien des choses à mettre;
Mais, vraiment, c'est assez jaser...
Je termine donc cette lettre
Et cachète avec un baiser.

Et, tandis que mon cœur en fête
De l'espoir chante la chanson,
Je signe encor : Mimi Fauvette,
En attendant : Mimi Pinson !

(*Musique de Georges Hamel.* — G. Ondet, editeur.)

FUMÉE D'AJONC

A l'heure où, las de sa journée,
Le soleil descend dans la mer,
De chaque pauvre cheminée
Un filet blanc monte dans l'air :
C'est l'heure où chaque ménagère
Prend la marmite ou le crêpier,
Glisse avec la fourche légère
L'ajonc sec sous le noir trépieds.

Et l'ajonc fume, fume, fume...
Et dégage un parfum exquis,
Une douce odeur qui parfume,
Au même instant, tout le pays...
Et cela monte, droit et ferme,
Comme l'encens d'un encensoir
Qui monterait, de chaque ferme,
Vers le cœur de Dieu, chaque soir !

... Ainsi dans mon âme rustique,
O Nuit ! à l'heure où tu descends,
Il s'allume un foyer mystique
D'où s'élève un mystique encens :
Vers le Cœur de ma bien-aimée
Monte, mon Rêve, monte donc,
Monte droit... comme la fumée
  D'ajonc !

(*Musique d'Émile Durand.* — G. Ondet, éditeur.)

VOGUE, MA CHARRUE!

Je sais tous les secrets de l'Océan amer
Et la Terre, pour moi, n'a plus aucun mystère :
Le Sillon n'est-il pas la Vague de la Terre ?
La Vague est-elle pas le Sillon de la Mer ?

    Au revers du Coteau
    Ou sur la Mer bourrue,
    Laboure, mon bateau !
    Et vogue, ma charrue !

J'aime d'un même Amour la Terre et l'Océan :
L'un donne bonne pêche, et l'autre moisson haute !
Je suis le fils des deux étant né sur la Côte :
Mon père est l'Océan, la Terre est ma maman !

La Terre et l'Océan veulent être adorés :
En même temps que Dieu chaque jour je les prie
Et mes filets sont pleins et ma grange est remplie
De poissons argentés et de grands blés dorés !

Ma vie est à tous deux, lequel me la prendra ?
Sera-ce l'Océan ? ou sera-ce la Terre ?
Afin de mieux bercer mon rêve solitaire
La Terre sera douce et la Mer chantera !

    Au revers du Coteau
    Ou sur la Mer bourrue,
    Laboure, mon bateau !
    Et vogue, ma charrue !

(Gregh, éditeur.)

LE VENT DES FORÊTS

Oh! le vent! le grand vent des antiques forêts!
Il vient, s'en va, revient, s'en va, très loin, tout près!
Sous le couvert du bois, comme un loup qui maraude,
    Le vent rôde.

Dès que le matin-jour paraît, que le soleil
Entr'ouvre un peu son œil clignotant et vermeil,
Afin de m'arracher au sommeil, à l'extase,
    Le vent jase.

Je crois qu'il est l'ami du pauvre sabotier :
Du haut du frêle ormeau, du haut du chêne altier,
Sachant que son refrain me console et m'enchante,
    Le vent chante.

Par contre, il n'aime pas le rude bûcheron
Qui dit à sa forêt : « Allons, courbe ton front! »
La hache du bourreau déplait à ce grand prince :
    Le vent grince.

Il ne veut pas qu'on touche aux bois où sont blottis
Ses amis les oiseaux, les grands et les petits!
— Le bûcheron brandit sa cognée... et, sur l'heure,
    Le vent pleure!

Prends garde, bûcheron! prends garde au vent amer!
Quand il va par les champs, les plaines et la mer,
Frappe!.. Mais gare à toi, sitôt qu'il fait sa ronde :
    Le vent gronde!...

Le voici, le voici qui s'en vient au galop !
Bûcheron, n'abats pas cet immense bouleau !
Va-t'en ! car devant lui chacun peut fuir sans honte :
    Le vent monte !

Hélas ! il est trop tard ! Pourquoi n'as-tu pas fui ?
Le vent terrasse l'arbre... et te voilà sous lui :
Sans pitié, pour venger sa forêt abattue,
    Le vent tue !...

... Aussi je crains le vent comme la voix de Dieu
Et j'ébauche parfois, troublé comme au saint Lieu,
Un grand signe de croix quand, à travers l'espace,
    Le vent passe !..

(Gallet, éditeur.

LA CHANSON DU RÉVEIL

Eveillez-vous, mon blond mignon,
Dans votre petit nid de mousse :
Le soleil, de son chaud rayon,
Vient caresser votre frimousse ;
Votre bel ami l'oisillon
Vous appelle de sa voix douce,
Eveillez-vous mon blond mignon,
Dans votre petit nid de mousse !

Ouvrez vos grands yeux étonnés
Couleur de paradis encore,
Du paradis d'où vous venez,
O ma petite fleur d'aurore !
Les chérubins sont prosternés
Pour voir votre regard éclore :
Ouvrez vos grands yeux étonnés
Couleur de paradis encore !

En me souriant montrez-moi
Ces quatre méchantes quenottes
Qui firent tant souffrir mon roi
Qu'il en eût les lèvres pâlottes ;
Serrez bien fort mon petit doigt
Entre vos petites menottes !
En me souriant montrez-moi
Vos quatre premières quenottes !

C'est de ma vie, ô mon Jésus !
Que ta frêle existence est faite...
Mais, un jour, moi qui te conçus,
Tu m'oublieras dans quelque fête :
Prends mon cœur et montant dessus,
Du pur bonheur atteins le faîte
Et que toujours, ô mon Jésus !
Ta seule volonté soit faite!...

(*Musique de P. Delmet.* — Enoch et Cie, editeurs.)

LA SABOTIÈRE

Amis, choquons en cadence
Nos sabots, petits et gros,
Car voici que je commence
La chanson des vieux sabots:
Fendus comme des pois-chiches,
Mes sabots ne sont point beaux
 Clic! clac! clic! clo!
Mes sabots ne sont point riches..
Mais je suis dans mes sabots!

Sabotiers et sabotières
Les taillent dans la forêt;
Les paroirs et les terrières
Virevoltent sans arrêt;
Leur en faut gagner des miches
Pour nourrir tous leurs marmots!
 Clic! clac! clic! clo!
Mes sabots ne sont point riches...
Mais je suis dans mes sabots!

On sait ce que l'on achète;
On sait où l'on met ses pieds:
C'est du bon cuir de brouette,
Du vrai cuir de châtaigniers!
Pour aller le long des friches
Mener paître mes troupeaux,

Clic! clac! clic! clo!
Mes sabots ne sont point riches...
Mais je suis dans mes sabots!

Mon père ainsi que son père,
Comme aussi tous leurs aïeux,
En usaient plus d'une paire...
Et ne s'en portaient que mieux :
Ce sont presque des fétiches
Ces « écraseurs de crapauds » !
Clic! clac! clic! clo!
Mes sabots ne sont point riches...
Mais je suis dans mes sabots !

Ils nous font le pied rapide
Pour arpenter nos vieux champs ;
Ils sont une arme solide
Pour assommer les méchants ;
Légères comme des biches
Ils font sauter nos Margots !
Clic! clac! clic! clo!
Mes sabots ne sont point riches...
Mais je suis dans mes sabots !

Parfois, un de nos gâs tâche
De se faire un pied pointu :
Il se traîne comme un lâche,
Il boîte à pied-que-veux-tu !
Serons-nous assez godiches
Pour imiter ces nigauds

Clic ! clac ! clic ! clo !
Mes sabots ne sont point riches...
Mais je suis dans mes sabots !

Pour réussir à la Ville,
Faut singer les élégants ;
Il faut faire l'imbécile :
Mettre des souliers, des gants !
T'as raison si tu t'en fiches,
Mon gâs ! Vivons en repos :
Clic ! clac ! clic ! clo !
Nos sabots ne sont point riches..
Mais nous sons dans nos sabots !!

(*Musique de Théodore Botrel.* — G Ondet, editeur)

LE VIEUX GRIGOU

Pour enrichir son bas de laine
Le vieux grigou, matin et soir,
Buvait de l'eau, mangeait à peine
Un maigre quignon de pain noir...
— A présent que le voilà riche
Il peut se payer du pain blanc,
Mais, pour manger sa blanche miche,
Le grigou n'a plus une dent!

Il vécut toujours solitaire,
Terré comme un loup dans son coin,
Dormant la nuit vautré par terre
Sur un peu de paille ou de foin...
— A présent sa vieille carcasse
S'étale dans un beau lit-clos
Mais le cauchemar l'y tracasse :
Le grigou n'a plus de repos !

N'aimant à voir que l'or qui brille,
Ne vit jamais que l'or briller...
Il n'eut femme, garçon, ni fille,
Ne se fit jamais un foyer ;
— L'Amour peut frapper à sa porte
Rien ne saura plus le charmer ;
Son cœur est mort, son âme est morte :
Le grigou ne peut plus aimer !

Il maudissait les pauvres hères,
Ne secourut jamais les vieux :
Il n'aura jamais leurs prières
Et n'entrera pas dans les cieux...
— Au milieu de ses tas d'or jaune
Le voilà bien pauvre aujourd'hui :
Chantons ! Aimons ! Faisons l'aumône...
Nous serons plus riches que lui !

(Gregh, éditeur.)

LES AVOINES GRISES

(Sóne)

~~~~~~~~~~~

Tout le long des avoines grises
Je vas promenant mon ennui :
Je n'entends plus jaser les brises,
J'ignore si le soleil luit...
De l'aurore jusqu'à la nuit
Tout le long des Avoines grises
Je vas promenant mon ennui !

Tout le long des Avoines grises
Nous rôdions à deux, l'an dernier !
Mon cœur, il faut que tu me dises
Pourquoi tu ne peux oublier !...
Au retour du mois printanier
Tout le long des Avoines grises
Nous rôdions à deux, l'an dernier !

Tout le long des Avoines grises
Nous rôdions, tous deux la Lison :
Pourquoi faut-il que des promises
Désertent, un jour, leur maison ?..
Et je chante, seul, ma Chanson :
Tout le long des Avoines grises
Je la chantais avec Lison !

Tout le long des Avoines grises
Nous menions paître nos troupeaux :
De pain, de fraises, de cerises
Nous nous régalions aux repos ;

Je lui tenais de doux propos...
Tout le long des Avoines grises,
Nous menions paître nos troupeaux !

Tout le long des Avoines grises
On fit des serments solennels,
Et j'ai, sur ses lèvres exquises,
Bu les poisons les plus mortels...
Comme devant les saints Autels
Tout le long des Avoines grises
On fit des serments solennels !

Mais, un matin, l'Avoine grise
Dut être fauchée à son tour :
Le même jour l'ingrate Lise
Loin de moi s'en fut, sans retour !..
Depuis, je pleure nuit et jour,
Car en fauchant l'Avoine grise
On a fauché mon pauvre amour !

... Et voici que l'Avoine grise
Déjà monte et déjà mûrit !..
Je pleure toujours ma promise,
Mon désespoir n'est pas guéri !
Des coquelicots ont fleuri ?
Que non pas : dans l'Avoine grise
C'est le sang de mon cœur meurtri !

(Cette poésie est éditée séparément. — G. Ondet, éditeur.*)*

LES GENS A PLAINDRE

(Simili-Ballade)

On est toujours à plaindre ceux
Qu'un Méchant tient en mésestime,
Quand il vaut, selon moi, bien mieux
Plaindre un Bourreau que sa Victime...
Quoi ! toujours pleurer sur les Doux !
Ma lyre ne peut s'y contraindre...
Plaignons les Méchants, voulez-vous ?
Les Méchants sont des gens à plaindre !

Les Bons et les Doux en tous lieux
Ont la route fleurie à suivre ;
Chéris des Humains et des Dieux,
Ils n'ont qu'à se bien laisser vivre...
Les Méchants crèvent de rancœur,
Au Bonheur ne pouvant atteindre ;
Plaignons les Méchants de tout cœur :
Les Méchants sont des gens à plaindre !

Les Doux qui travaillent gaîment
Réussissent, coûte que coûte :
Les petits... méchants, rarement,
Viennent les dévorer en route !
Aussi, les Bons sont triomphants
Quand les Autres ont tout à craindre :
Plaignons les Méchants, mes enfants :
Les Méchants sont des gens à plaindre !

Les Doux ont le sommeil joyeux,
Peuplé de rêves bleus et roses ;
Les Méchants ne ferment les yeux
Que pour rêver d'horribles choses :
A peine sont-ils endormis,
Le Cauchemar vient les étreindre...
Plaignons les Méchants, mes amis :
Les Méchants sont des gens à plaindre !

Les Bons ont un tel appétit
Qu'on dit, parfois, qu'ils exagèrent !
Celui des Méchants est petit
Et c'est tristement qu'ils digèrent :
Tous leurs mets ont un goût de fiel
Que je ne saurais vous dépeindre !
Plaignons les Méchants, juste Ciel !
Les Méchants sont des gens à plaindre !

Les Bons et les Doux vivent vieux :
C'est eux qui font les bons grands-pères
Les Méchants et les Envieux
Sont rarement quinquagénaires !
Puis, quand les Doux s'en vont aux Cieux,
Les Méchants vont, dans l'Enfer, geindre !
Plaignons-les... et prions pour eux :
Les Méchants sont des gens à plaindre !

ENVOI

Princes de l'Envie et du Mal,
Je vous démasque — à quoi bon feindre ? —
Bavez ! sifflez ! tout m'est égal :
Ce n'est pas moi qui suis à plaindre !

(Cette poésie est éditée séparément. — G. Ondet, éditeur.)

LE SOLITAIRE

Entre l'Océan vert et la verte Campagne,
Loin de tous bruits, heureux d'être un vieillard — enfin ! —
Dans mon coin je vis seul, sans enfant, sans compagne,
    Sans même l'amitié d'un chien !

Je hais les jours trop longs qui font les nuits trop brèves,
Je hais les longs Etés qui font courts les Hivers :
J'aime les longs Sommeils qui ramènent les Rêves
    Avec l'oubli des maux soufferts !

Assis devant mon seuil, sur un vieux banc de mousse,
J'écoute déferler le Flot plein de langueur ;
J'aime ses longs sanglots car la plainte qu'il pousse
    Semble la plainte de mon cœur !

Puis, je prends mon bâton et, longuement, je rôde
Le long des chemins creux qui s'en vont n'importe où :
Les hommes du pays m'accusent de maraude,
    Les femmes disent : « C'est un fou ! »

On me montre le poing, souvent ; on me soupçonne
D'avoir sans doute, au cœur, un infernal dessein ;
Et, moi qui n'ai jamais fait de mal à personne,
    On me traite en vil assassin !

J'enfonce mon chapeau, je souris... et je passe !
D'instinct l'homme est méchant : vouloir s'en faire aimer
Autant jeter au loin, au hasard, dans l'espace,
  Le bon grain qui ne peut germer !

Dire à tous : « Aimez-vous toujours les uns les Autres ! »
Prêcher la Loi d'Amour... mais Jésus le tenta :
Insulté, renié, même par ses Apôtres,
  Il mourut sur le Golgotha !

Ce qu'un Dieu ne fit pas quel homme peut le faire ?
Qui peut vaincre l'Envie et l'âpre Trahison ?
J'ai lutté soixante ans sans pouvoir m'en défaire
  Ni les chasser de ma maison !

Et maintenant que, vieux, attendant que je meure,
J'espérais, vivant seul, vivre enfin sans émoi :
Je les entends encor ramper dans ma demeure,
  Prêtes à s'élancer sur moi !

. . . .

Mais, en mes jours de deuil, des secondes de joie
Viennent rasséréner mon pauvre cœur amer :
Je contemple, le soir, quand l'horizon rougeoie,
  Tomber le soleil dans la Mer ;

Ou bien, quand un enfant passe devant ma porte,
Je lui tends un jouet fait avec mon couteau ;
Et le beau chérubin, tout radieux, emporte
  Sa toupie ou bien son bateau.

Et les petits enfants, entre eux, doivent se dire :
« On dit qu'il est méchant, le vieux Monsieur, pourquoi ? »
Et, de loin, j'aperçois leur confiant sourire
    Qui s'en vient au-devant de moi !

Car les petits enfants ignorent tous encore
Qu'il faut se déchirer sur terre et se haïr ;
Pour être aimé par eux il faut qu'on les adore...
    Mais ils ne savent pas trahir !

Alors donc que me font la Trahison des Hommes,
Et l'Envie, et la Haine, et le Mal triomphants ?
Dieu seul peut me ravir le Soleil, mes bons Sommes,
    Et le sourire des Enfants !

(Cette poésie est éditée séparément. — G. Ondet, éditeur.)

LE BOUTON D'OR

Dédaigneux des fleurs de jardins
Je respecte les fleurs mystiques,
Mais j'adore les fleurs rustiques
Pour qui vous n'avez que dédains,
Et ma préférée est encor,
Entre toutes, l'humble fleurette,
    Landerirette !
Qui s'appelle le bouton d'or !

Dès que la jeune Aurore a lui,
Il met le nez à sa fenêtre :
Dans les brins d'herbe on le voit naître,
Dans l'herbe haute comme lui. —
Ai-je raison ? Avez-vous tort ?
Vous préférez la violette ?
    Landerirette !
Moi j'aime mieux le bouton d'or !

Sitôt que le vent souffle un peu,
J'admire le grand blé qui bouge :
Le pavot m'y paraît trop rouge,
Le bleuet m'y semble trop bleu ;
Avec son cœur en similor,
J'aime presque la pâquerette,
    Landerirette !
Mais j'aime mieux le bouton d'or !

Les grands Lys, avant leur trépas,
Avaient des grâces souveraines :
Reines des fleurs sont fleurs de Reines...
Les roses ? Oui, je ne dis pas...
Mais elles embaument bien fort,
Et, moi, j'aime une odeur discrète,
  Landerirette !
Et... j'aime mieux le bouton d'or !

Ai-je tort ? Avez- vous raison ?
Pour vous convaincre que dirai-je ?
Chez nous on la trouve à foison :
On dirait que Dieu la protège !
Et puis... c'est le soleil d'Arvor
Qui dore ainsi sa collerette,
  Landerirette !
Et vive donc le bouton d'or !

CŒUR DE CHÊNE

I

Au milieu de la grève
Qui mène à Trégastel,
De Saint-Guirrec s'élève
L'oratoire et l'autel ;
Là, s'en vont les fillettes,
Dans un tendre dessein,
Piquer des épinglettes
Dans le cœur du vieux saint...

Celui qui fait ma peine
A le cœur dur et sec
Comme le cœur de chêne
De monsieur Saint-Guirrec

II

J'ai piqué, hier dimanche,
Les épingles d'acier
Fixant ma coiffe blanche
Et mon beau tablier...
Et chaque épingle, à terre
Est tombée à son tour...
Comme aux pieds de Jean-Pierre
Tombe mon pauvre amour !

Celui qui fait ma peine
A le cœur dur et sec
Comme le cœur de chêne
De monsieur Saint Guirrec !

III

Mais, voyant mes alarmes,
Le cœur compatissant
A versé quatre larmes,
Quatre larmes de sang
Cette épingle, sanglante
Du cœur miraculeux,
Il faut que je la plante
Au cœur de l'Oublieux !

Et je verrai sans peine
S'il a le cœur plus sec
Que le vieux cœur de chêne
De monsieur Saint-Guirrec !

(Gregh, éditeur.)

LA CHANSON DU SABOTIER

Vire, vire, ma terrière !
Vole, vole, mon paroir !
Au mitan de la clairière
Trimez du matin au soir !

Dans la forêt solitaire,
Virez, volez sans repos :
Faites voltiger à terre
L'or et l'argent des copeaux !

Ohé ! fouillez dans vos poches !
Ohé ! les riches fermiers !
Faut des sabots pour vos mioches
Ils sont nus leurs petits pieds !

Faut des sabots pour vos mères
Afin d'aller aux pardons ;
Des sabots pour vos commères
Pour danser les rigodons.

Pour les jeunes, pour les vieilles,
Pour toutes faut des sabots ;
J'en ai qui sont des merveilles
Tant ils sont légers et beaux !

J'en ai de lourds, tout en chêne,
Des coquets en merisier ;
J'en ai des petits en frêne,
Et des gros en châtaignier !

Venez me voir dans mon antre
De hêtres et de bouleaux ;
Chez moi sans frapper on entre,
Car mon huis n'est jamais clos.

Venez ! Jamais je ne triche !
Mes clients s'aident entre eux :
Cinq sous de plus pour le riche,
Cinq sous de moins pour le gueux.

Qu'elle est belle ma boutique,
La boutique au sabotier !
C'est comme une église antique
Que j'aurais pour atelier :

Les peupliers, par centaines,
En sont les rudes piliers ;
Les étangs et les fontaines
En sont les grands bénitiers,

Chaque soir, devant ma hutte,
J'écoute chanter, là-bas,
Le grand Vent dans une flûte
D'un orgue... qu'on ne voit pas !...

Ah ! les heureux que nous sommes,
Si libres sous le ciel bleu :
D'être loin, si loin des hommes
On est près, plus près de Dieu !

(*Musique de Théodore Botrel.* — G. Ondet, éditeur.)

NUIT D'ORAGE

La Mer est grosse ce matin ;
Il fait nuit noire encore, il vente,
Et les Goélands, au lointain,
Poussent des clameurs d'épouvante,

Avec de petits airs fâchés,
Tout au contraire, les mouettes,
Dans les cavités des rochers,
Contemplent l'Orage, muettes ;

Les Douaniers, dans leurs abris,
Montent leur garde accoutumée
En sifflotant un air appris
Durant qu'ils étaient à l'armée ;

Pareils aux chevaux presque morts
Qui vibrent au son des trompettes,
Les vieux Bateaux font des efforts
Pour se lancer dans les Tempêtes...

... Et les bruns goémons, mouillés
Cette nuit plus qu'aux nuits passées,
Semblent des cheveux envoyés
Par les Morts à leurs fiancées !

(*Musique de Théodore Botrel*. — G. Ondet, éditeur.)

LA BRUME

On ne voit ni le ciel ni l'eau,
On croit parler dans de la plume...
Ohé ! va tout doux, matelot :
    Il brume !

Il s'agit de bien ouvrir l'œil
Pour voir si le phare s'allume...
Hé, timonier ! gare à l'écueil :
    Il brume !

Au bout des huniers, le marin
Grelotte et ronchonne et s'enrhume...
Ohé ! du gabier ! veille au grain :
    Il brume !

Ohé, là ! du gâs d'artimon !
Sais-tu ce que c'est que la Brume ?
— C'est la cheminée au Démon
    Qui fume !

Ohé ! du misaine ! sais-tu,
Sais-tu ce que c'est que la Brume ?
— C'est comme du coaltar fondu
    Qu'on hume :

Non, non, c'est le bon Dieu, plutôt,
Blasphémé plus que de coutume,
Qui se cache dans son manteau
    De Brume !!!

(Musique de Théodore Botrel. — G. Ondet, éditeur.)

LA BONNE SOUFFRANCE

Ne gaspillons jamais nos Larmes
Nous les regretterions un jour
Car elles sont de bonnes armes
Contre la tristesse et l'amour...
— Pleure, pauvre homme : il faut pleurer ! —
Lorsque le Malheur veut entrer
C'est en vain que tu le repousses !
Pleure, tout doux et sans secousses :
    Les Larmes sont douces
    A qui sait pleurer !

Ne maudissons pas la Souffrance
Quand elle nous visitera
Car la bonne fée, Espérance,
Par la même porte, entrera...
— Souffre, pauvre homme : il faut souffrir ! —
Pour mieux goûter et mieux chérir
Le Bonheur que le Sort te donne
Souffre, sans envier personne :
    La Souffrance est bonne
    A qui sait souffrir !

N'ayons point peur de la Camarde
Quand elle nous dira : Viens-t'en !
Lorsque, derrière elle, on regarde
On n'aperçoit pas le néant...

— Allons, pauvre homme ! il faut mourir ! —
Tes yeux vont bientôt se rouvrir,
Ferme doucement ta paupière,
Meurs, en disant une prière :
　　La Mort est légère
　　A qui sait mourir !

(Gallet, éditeur.)

LA CHANSON DU RETOUR

La rancœur au coin des lèvres,
Le corps miné par les fièvres,
Le cœur malade d'ennui,
Vers ta rieuse campagne
O Bretagne, ma Bretagne !
Je m'en reviens aujourd'hui.

O bonne Mère féconde !
Veux-tu me remettre au monde,
Dis, une seconde fois ?
Dans mes veines appauvries
Mets le sang de tes prairies,
De tes champs et de tes bois !

Infiltre, infiltre en mes veines
La sève de tes vieux chênes
Et de tes pommiers nouveaux !
Mets sur mes deux lèvres, pâles
De la pâleur des opales,
Le sang des coquelicots !

*Fais en mon âme fiévreuse
Éclore la paix heureuse
De tes couchants violets !
Pour qu'en mes yeux morts on voie
Resplendir l'ancienne joie,
Mets la candeur des bleuets !*

*Dans les sillons de mon Rêve
Si j'ai semé, le blé lève :
Je veux rentrer ma moisson !
Guéris-moi ! Vois je t'implore :
Je veux vivre, vivre encore,
Chanter encor ma Chanson !*

*Ma Chanson, veux-tu l'entendre ?
Elle est si douce, si tendre
Lorsqu'elle parle de Toi
Que ceux qui t'aimaient t'adorent
Et que ceux-là qui t'ignorent
T'aiment... à cause de moi !*

*Et Toi ? l'aimes-tu ton barde ?
... Oui, ton œil gris me regarde
Entre les nuages blancs :
Tu m'aimes ! Je le devine,
Car une force divine
Rend plus forts mes bras tremblants !...*

Voici que ta chaude haleine
M'arrive à travers la plaine
Et dissipe ma rancœur...
Mon Ame est moins desolée
Et l'Espérance en allée
Déjà me revient au cœur !...

Oui, grâce à Toi je vais vivre :
Vois, je ris comme un homme ivre
Et je pleure en t'embrassant,
Toi qui veux que je guerisse,
O bonne Mère-Nourrice
Qui m'allaites de ton sang !...

Table alphabétique

	Pages
A mon père...	5

1ʳᵉ Partie. — CONTES DU LIT-CLOS

LE LIT-CLOS (avant-propos)...	11
Anesse de Jésus (L')...	71
Ankou (L')...	62
Berceau sur la Mer (Le)...	52
Les Briseurs de Calvaires...	47
Celui qui frappe...	15
Le Clocher de Tréguier...	21
La Complainte des Ames...	60
En dérive...	65
Fils de Veuve...	31
Horloge de Grand'mère (L')...	135
L'Intersigne de la Bague d'argent...	105
La Légende du Rouet...	
La Louve...	77
La Main maudite...	93
Les Moulins à vent...	119
La Noël des Bêtes...	99
Le Noël du Mousse...	87
La Nuit des Ames...	57
Péri en mer...	129
La Route...	113
Le Serment...	35
La Sonneuse de glas...	125
La Vipère...	39

2ᵉ Partie. — CHANSONS A DIRE

	Pages.
Avoines grises (Les)	219
Au Parson	144
La Bonne souffrance	237
Bonheur manqué	179
Le Bouton d'Or	227
Bretons têtus	177
Brume (La)	235
Chanson du Réveil (La)	211
Cœur-de-Chêne	229
Complainte d'Exil	197
Le Couteau	199
La Croix de Grève	181
L'Écho	202
Fumée d'Ajonc	207
Les Gens à plaindre	221
Goëlands et Goëlettes	157
Il était un petit Navire !	173
La Lettre de la Fauvette	203
La Lettre du Gabier	167
Ma Grand'Mère	143
Les Mamans	171
Nuit d'Orage	233
Nuit en Mer	169
Pauvre p'tit gâs !	155
Petit à petit	161
Les Petits Sabots	151
Les Petits Sapins	175

	Pages.
La Pitié des Fleurs..................	191
Les Pommiers bretons.......................	193
Printemps de Bretagne......................	196
Quand nous serons vieux !..................	153
La Rencontre...............................	183
Réponse de la Grand'Mère (La).............	187
Le Sabotier.................................	231
La Sabotière...............................	213
Soir d'Été	158
Le Solitaire................................	223
Le Tricot de laine..........................	163
Le Vent des fôrets.........................	209
Le Vent qui rôde...........................	147
Le vieux grigou............................	217
Le vieux jaloux............................	165
Vogue, ma charrue !.......................	208
LE RETOUR................................	239

Achevé d'imprimer

en 1904

dans les ateliers de Paul DUPONT, à Clichy

Pour l'Amour du Drapeau

y. yalul 99

Recueils et Albums de Chansons

MIS EN VENTE ET PARUS CHEZ
GEORGES ONDET, Editeur

ANROF	*Chansons Sans-Gêne* (13e mille)		un vol.	3 50
	Chansons à Rire (Flammarion, édit.)	—		3 50
	Chansons Ironiques	—	—	3 50
	Chansons Parisiennes 1er album de 40 chansons			6 »
	2e			6 »
	Chansons à Madame (2e mille) un album avec piano			6 »
	Chansons naïves (plaquette de luxe)			2 50
UL DELMET	*Chansons Tendres* (Énoch, édit.)		un vol	3 50
	Premières Chansons (litho. de Willette).(Heugel, éd.) un alb. piano			6 »
	Chansons du Chat Noir	—		7 »
	Chansons Nouvelles (lith. de Rodel. (Quinzard), édit.)	—		7 »
	Chansons de Femmes (lith. de Steinlen). (Enoch, éd.)	—		8 »
	Chansons de Montmartre	—	—	8 »
	Chansons du Quartier Latin (lith. de Balluriau —	—		8 »
	Chansons galantes (lith. de Burret)	—		8 »
AURICE BOUKAY	*Chansons d'Amour* (Dentu, éd.)		un vol.	3 50
	Stances à Manon	—		3 50
	Chansons Nouvelles (Flammarion, éd.)			3 50
	Chansons Rouges (dess. de Steinlen)	—		3 50
	— (litho.) 2 albums avec piano à			6 »
RISTIDE BRUANT	*Dans la Rue* (Bruant, éd.) deux vol., à			3 50
	Sur la Route	—	un vol.	3 50
AC-NAB	*Chansons du Chat Noir* (Heugel, éd.) un alb. piano			6 »
	Poèmes Mobiles (Vanier, éd.)		un vol.	3 50
	Poèmes Incongrus		—	2 »
THÉODORE BOTREL	*Chansons de Chez Nous* (Chansons bretonnes) (20e mille) un vol.			3 50
	Chansons de "La Fleur de Lys" (plaq. d. luxe) 4e mil.; alb. piano			10 »
	Contes du "Lit-Clos" (légendes bretonnes (5e mille) un vol.			3 50
XAVIER PRIVAS	*Chansons Chimériques* (Ollendorf, éd.)	—		3 50
	Chimères et Grimaces (litho. de De Feure) un alb. piano			7 »
	Pour les Fêtes (Laurens, éd.			6 »
JEAN GOUDEZKI	Les Montmartroises un album de 40 chansons			6 »
EUGÈNE LEMERCIER	La Vie en Chansons		un vol.	3 50
VICTOR MEUSY	*Chansons d'Hier et d'Aujourd'hui*	—		3 50
ABRIEL MONTOYA	*Chansons Naïves et Perverses*. (Ollendorf, éd.)	—		3 50
	Chansons (2e volume)	—		3 50
URAND-DAHL	*Chansons de Zig et de Zag* (épuisé)			3 50
JACQUES FERNY	*Chansons de la Roulotte* (Fromont, éd.)	—		3 50
	Chansons Immobiles	—	un album	6 »
	Le Secret du Manifestant	—	—	2 »
MARCEL LEGAY	*Chansons du Cœur* (Ollendorf, éd.		un vol.	3 50
LÉON DUROCHER	*Chansons de Là-Haut et de Là-Bas* (Flammarion, éd.)—			3 50
I. ZAMACOÏS	*Dites-nous donc quelque chose?* —	—		3 50
LOUIS CARDON	*Au Dessert*	—		2 »
GEORGES HERBERT	*Lyre et Musette*	—		3 »
QUEYRIAUX	*L'Art Lyrique* (Traité de l'Art de chanter)	—		2 »
	L'Art Dramatique (Traité de l'Art de jouer la comédie)	—		2 »
A. BLOCH	*Paris en Chansons* (dessins de Steinlen) 3 albums, à			1 50
ÉMIANE	*Ohé! les Mœurs...* (12 litho. de Villette) un alb. piano			6 »
L'ESPARBÈS	*La Grande Armée* (Chœur de *La Légende de l'Aigle* —			6 »
RAGEROLLE	*Chansons du Plein air* (lith. de Steinlen)			8 »
L. GANGLOFF	*L'Album de Lili* (chansons pour jeunes filles)...			4 »
GEORGES TIERCY	*Opéra-Maboul*			3 »
CHARLES QUINEL	*J'en ai mal au ventre!* (Contes humor.) (Juven, éd.) —			» 60

www.ingramcontent.com/pod-product-compliance
Lightning Source LLC
Chambersburg PA
CBHW062019180426
43200CB00029B/1912